세상을 바꾸는
여성 엔지니어 16

| 다양성과 새로운 기회 |

세상을 바꾸는
여성 엔지니어 16

다양성과 새로운 기회

초판 1쇄 인쇄일 2021년 11월 11일
초판 1쇄 발행일 2021년 11월 19일

지은이 (사)한국여성공학기술인협회
펴낸이 양옥매
디자인 표지혜 송다희

편집위원회
위원장 나정은 연세대학교 교수
위　원 김효정 부산대학교 교수
　　　　박신영 ㈜DK에코팜 기술이사
　　　　신외경 한국자동차연구원 센터장
　　　　이지연 ㈜에프앤디넷 이사
　　　　한정민 한국가스공사 수석연구원
　　　　정세진 (사)한국여성공학기술인협회 연구원

펴낸곳 도서출판 책과나무
출판등록 제2012-000376
주소 서울특별시 마포구 방울내로 79 이노빌딩 302호
대표전화 02.372.1537　**팩스** 02.372.1538
이메일 booknamu2007@naver.com
홈페이지 www.booknamu.com
ISBN 979-11-6752-064-7 (03330)

Women Engineers
Changing the World 16

세상을 바꾸는
여성 엔지니어 16

| 다양성과 새로운 기회 |

㈜한국여성공학기술인협회 펴냄

『세상을 바꾸는 여성 엔지니어』
16권 출간을 축하하며

제9대 회장 **이재림**
㈜한국여성공학기술인협회

　예기치 못한 바이러스의 습격이 이어지고 있는 2021년, 우리의 일상을 위축시켰던 상황들이 단계적으로 정상화를 찾아가고 있는 지금은 무엇보다도 이를 극복할 수 있는 지혜가 필요한 시기입니다. 아울러 지속되는 코로나 사태에도 냉정한 자세로 미래를 준비하는 현명함이 요구되는 때이기도 합니다.

　2004년 출발한 ㈜한국여성공학기술인협회는 올해로 창립 17주년을 맞이하게 되었습니다. 설립 초기부터 현재에 이르기까지 여성 공학 기술인들의 사회 진출과 국가 산업 발전에 기여해 온 우리 협회는 펜더믹이라는 현상을 마주하면서도 변화될 미래 예측과 협회의 지향점에 대한 발전적 대안을 쉼 없이 추구해 왔고 이러한 시도는 산업체, 연구소 및 학계를 아우르는 여성 엔지니어 전문인 단체로서의 긍정적 영향력을 더욱 강화하고 있습니다.

이와 같은 협회 사업의 결과물인『세상을 바꾸는 여성 엔지니어』(이하 '세바여') 시리즈가 올해에도 출간되어 변함없이 미래의 꿈나무들을 찾아갑니다. 회원들의 경험과 지식 공유 및 미래 세대와의 소통을 목적으로 발간된 세바여 시리즈는 2004년 첫 출간 이후 여러 어려움에도 불구하고 320여 명이 넘는 집필진들의 인생과 철학을 담은 '여성 엔지니어 지침서'로 자리매김하며 현재까지 15권이 출간되었습니다.

　올해 발간되는 16권에는 "다양성과 새로운 기회"라는 의미 있는 주제로 이 시대를 함께 살아가는 여성 공학기술인들의 현장감 있는 목소리와 생생한 삶의 여정을 담았습니다. 특히 4차 산업혁명 시대를 관통하는 새로운 기술, 새로운 사업 분야에 여성 리더로서 일하는 선배들의 모습은 미래를 꿈꾸는 후배들에게 큰 울림을 주리라 믿습니다. 앞으로도 계속 이어질 출판 작업을 통해 더욱 많은 여성 엔지니어들이 긍정의 에너지를 이어 가리라 기대하며 올해 협회 홈페이지를 통해 오픈한『세바여 e-book 시리즈 (1권~14권)』에도 많은 기대와 성원을 부탁드립니다.

　책 출판을 위해 힘든 과정을 마다치 않고 애써 주신 집필진과 사업위원회 임원분들께 감사드리며 16권의 출간을 진심으로 축하합니다.

　『세바여』시리즈를 통해 회원 상호 간에도 더욱 공고한 네트워크가 구축되리라 생각하며 우리 협회를 지지해 주시는 회원분들 그리고 집필진 여러분들과 함께 세바여 16권 출간의 기쁨을 나누고 싶습니다. 어려움 속에 탄생한『세바여』16권의 출간을 다시 한 번 축하드립니다.

　우리 협회를 세우시고 이끌어 주시는 최순자 초대 회장님, 이영희 명예 회장님, 이효숙 명예 회장님, 최영미 명예 회장님, 송정희 명예 회장님, 오명숙 명예 회장님, 정경희 명예 회장님과 회장을 적극 지원해 주시고 협회를 위해 시간과 노력을 아끼지 않는 부회장단을 비롯한 임원분들께도 감사하다는 말씀 전합니다.

　펜더믹 사태의 혼란함을 극복해 내며 "다양성과 새로운 기회"를 통해 새로운 시대를 준비하는 우리 협회와 여성 리더들의 노력은 오늘도 지속되리라 믿습니다. 감사합니다.

이재림

PART 3

열정: 꾸준하게 한 걸음씩

PART 4

관계: 함께여서 더 소중한

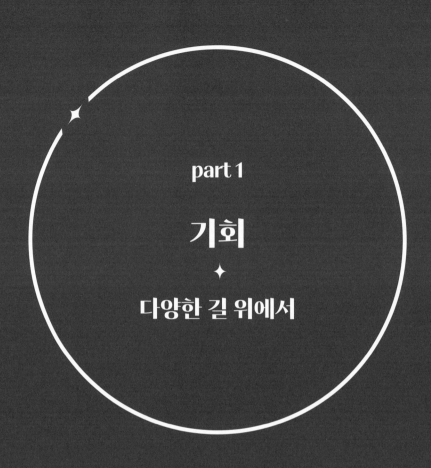

part 1

기회

다양한 길 위에서

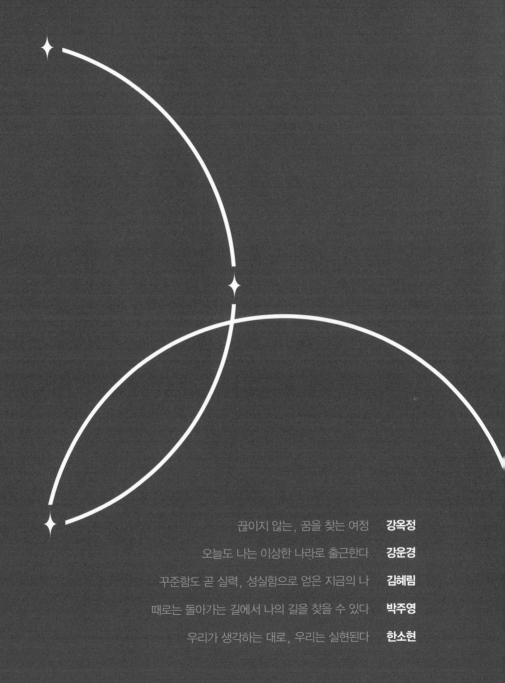

끊이지 않는,
꿈을 찾는 여정

강옥정
한국가스공사 과장

◆

한양대학교 지구환경시스템공학과에서 학사 학위를 취득한 후, 2005년부터 삼성코닝정밀유리에서 약 3년간 근무하였다. 첫 직장에서 퇴사 후 어학연수 및 여행으로 짧은 휴식기를 거친 후 한국으로 돌아와 2010년 한국가스공사에 입사하였다. 2015년부터 2년간 회사의 지원으로 UCL 에너지경제학 석사 과정을 공부하고 돌아와 현재 한국가스공사에 과장으로 재직 중이다. 여전히 다양한 경험을 하는 것을 좋아하며, 부지런히 커리어를 쌓으면서 내가 좋아하는 일을 찾아가는 중이다.

나의 첫 직업, 삼성

삼성이 직업일 수 없다는 것은 모두가 아는 사실이다. 하지만 현재에도 많은 사람들은 꿈을 가지고 무엇을 할까 생각하기보다 '삼성맨'을 꿈꾼다. 나의 경우도 다를 바 없었다. 부족한 사회 경험(당시만 하더라도 인턴 등의 방법으로 사회를 경험하는 것은 극히 제한적이었다)을 바탕으로 별다른 정보도 없는 취준생이 선택할 수 있는 미래에 대한 불확실성을 줄이는 가장 확실한 방법은 대기업 입사였다.

특히나 삼성은 그때나 지금이나 가장 확실한 보상을 안겨 주는 곳이었고, 입사 후의 삶을 예측할 수 없었던 나에게도 가장 매력적인 기업이었다. 그 당시 나에게 주어진 옵션이라고는 어느 계열사를 선택하느냐 정도였을 것이다.

그렇게 나는 4학년 1학기 휴학 중에 삼성코닝정밀유리에 입사를 미리 확정 지었고, 복학 후 한 학기를 취업 준비로 고생하는 다른 친구들보다 맘 편히 지내며 즐길 수 있었다. 언제나 그랬듯이 준비 과정 중의 스트레스는 있었으나 큰 고비라고는 없는 무난한 삶의 연속이었다.

기대했던 것처럼 대기업만이 가지는 수많은 장점이 있다. '이왕이면 대감집 노비'란 우스갯소리도 있듯이, 쾌적한 근무 환경 및 보상 체계, 다양한 복지 및 우수한 동료 등은 특히나 매력적인 부분이다. 하지만 그와 함께 따르는 업무 강도 및 스트레스, 워라밸의 붕괴 및 비인간화 부분 등은 미처 생각해 보지 못했던 부분이었다.

분명 환경 분야의 엔지니어로 입사했지만, 한 학기의 텀으로 그 자리는 사라지고, 기업의 필요에 의해 나에게 주어진 직무는 생산 관리였다. 처음 몇 달이야 업무와 환경에 적응하느라 별생각 없이 지냈지만, 어느 정도 일이 익숙해지는 순간 온갖 생각이 꼬리에 꼬리를 물며 나를 덮쳐 오기 시작했다.

먼저 대학 기간 내내 서울에서 지냈던 내가 회사 공장과 기숙사만 덩그러니 있는, 인프라라고는 기숙사 앞에 치킨집 하나가 다였던 시골에서 생활하는 것에 대한 스트레스가 있었다(물론 현재는 그 지역도 발전되어 대형 아파트 단지가 들어오고 도로가 정비되는 등 많은 발전을 이루었다). 누군가는 그게 무슨 대수냐는 반응일 수도 있겠지만, 상당수의 사람들은 직장의 위치로 인해 스트레스를 받고 그것이 퇴사의 직접적인 이유가 되기도 한다. 나 역시 마찬가지였다.

그와 함께 업무에 대한 회의감도 밀려오기 시작했다. 전공과 무관한 일을 하며 타 팀과의 경쟁 및 업무 중 종종 발생하는 갈등으로 불필요한 논쟁이 이어지자 지쳐 가기 시작했고, 자꾸 이게 정말 내가 원하던 길이었고 앞으로 평생 살아갈 길이란 것인가에 대한 의문이 들었다. 그리고 그제야 깨닫게 되었다. 나는 정말 삼성맨을 직업으로 선택하였을 뿐, 나의 미래에 대한 진지한 고민을 단 한 번도 하지 않았다는 것을.

사실이었다. 내가 취업하던 시절에만 해도 지금같이 최악의 취업난 같은 소리는 없었고, 학사 경고를 몇 번이나 받아 가며 졸업을 겨우 한 선배도 결국 학교의 이름과 전공으로 무사 취직을 하던 시기였다. 대학 입학과 동시에 우리는 지긋지긋한 공부의 굴레에서 벗어날 수 있었고, 처음 접해 보는 자유로움에 취해, 술에 취해, 사람에 취해 다시는 없을 행복한 삶을 누렸다.

물론 당시에도 공부나 리포트에 대한 스트레스 등도 있었지만, 학창 시

: 좋은 경험이 되었던 어학연수 시절 영국에서의 나(2008년)

절의 공부 스트레스나 사회로 나오게 된 후의 책임감 등과 비교할 수 없는 수준이었다. 나와 내 친구들은 그 행복한 삶에 취해 하루하루 어떻게 즐겁게 살아갈지에 대한 고민은 했겠지만, 우리가 앞으로 어떻게 살아야 할지에 대한 고민은 미뤄 두었던 것이다.

그리고 그것을 삼성에 취직한 후 몇 달이 흐른 어느 날 밤, 기숙사 침대에서 깨닫게 되었다. 아, 나의 고난의 시작은 그때였구나. 아니, 그 이전일 수도 있다. 대학수학능력시험이 끝나고 어느 대학을 가야 하는 고민이 있던 시절, 그때가 더 적절한 시기였을까? 환경공학이란 분야를 공부하고 싶다는 막연한 생각만 가지고 있고 그것을 공부해서 무엇이 되고 싶은 건지, 아니 적어도 어떤 분야를 공부하고 싶은 건지 구체적인 생각이 필요했던 걸까?

: 석사 과정 동안의 스트레스는 방학 기간 중의 호주 여행으로 풀 수 있었다

고난이라고는 없었던 나의 삶이 왜 그리 평탄했는지 이해할 수 있는 밤이었다. 초등학생 시절 막연하게 "판검사가 될래요.", "선생님이 될래요."라고 말하던 소녀는 눈앞에 주어진 목표를 달성하느라 더 이상 꿈이라는 것에 대한 생각 없이 현실에 적응해 가며 나아가고 있었고, 결국에는 커다란 암초를 만나게 된 것이다.

새로운 시작을 위한 쉼표

누구에게나 입사 1년차, 입사 3년차의 고비는 찾아오지만, 누구나 퇴사를 결심하는 것은 아니다. 나 역시 퇴사를 결심하기까지 많은 고민이 있었다. 당시 주변에서 이직에 성공한 케이스는 흔치 않았고, 과연 내가 지금보다 더 좋은 곳으로 이직할 수 있을지에 대한 확신은 없었다.

하지만 확실한 것은 그대로 회사를 계속 다닌다 하더라도 결국에는 퇴사를 선택할 것이라는 막연한 생각이었고, 언젠가는 선택해야 하는 것이라면 한 살이라도 어렸을 때 도전해 보는 것이 좋겠다는 것이었다. 그렇게 나는 3년 2개월여를 함께한 내 첫 직장 삼성코닝정밀유리를 퇴사하게 되었다.

그 이후 바로 이직을 준비할 수도 있었지만 나의 선택은 휴식이었다. 학창 시절 다들 가 보는 어학연수를 못 가 보았던 것이 내내 아쉬웠던 터라 나의 첫 휴식은 영국에서의 6개월의 어학연수였다. 다양한 문화권에서 온 나보다 한참 어린 친구들과 교류하고 영어도 배워 가며 주말에는 영국 근교 여행도 열심히 다니는 즐거운 시절이었다. 물론 그런 과정 중에도 내가 한국으로 돌아가면 이직에 성공할 수 있을까라는 스트레스는 지속되고 있었다.

어학연수를 마치고 나서는 약 3개월간 유럽 여행을 하였다. 한국인들이 많지 않은 남유럽이나 동유럽을 중심으로 여행하면서 다양한 사람을 만나고 많은 경험을 하였던 이 시절은 지금 생각해도 좋은 기억으로 남아 있고, 이후 이어진 구직 기간을 버티게 한 힘이 되어 주었다. 3개월의 여행을 마치고 약 반년의 중국 어학연수까지 재충전을 하기에 충분한 시간이었다.

내 삶에서의 끊이지 않는 도전

이제 40대가 되었고 회사를 그만두고 다른 꿈을 찾는 일을 하지는 않을 것임을 알고 있다. 졸업 후 약 15년의 사회생활과 한 번의 이직 경험으로 모든 조직에서 장점과 단점이 공존하고 그 과정에서 길을 찾아가는 것도 하나의 방법임을 깨달았다.

하지만 그것이 현재에 만족하고 아무것도 하지 않는다는 것을 의미하는 것은 아니다. 회사 생활 중 장기 교육을 떠났던 것처럼 여전히 나에게는 수많은 기회가 주어질 것이고, 현실에 안주하기보다 그런 도전에 응하며 나를 발전시켜 나갈 것이다.

다만 아쉬운 것은 내가 첫 직장을 선택하였을 때, 혹은 그보다 더 이전 내가 처음으로 전공을 선택하였을 때 다양한 선배들의 경험을 들어 보고 좀 더 진지한 고민을 해 보았더라면 어땠을까 하는 것이다.

나와 비슷한 길을 가고자 하는 인생 후배들에게 당부하고 싶다. 살아가면서 한 번쯤은 자신의 미래에 대해서 밤을 새워 가며 고민을 해 보라고. 그 결과로 선택한 것이라면 자신을 믿고 용기 있게 나아가라고.

오늘도 나는

이상한 나라로 출근한다

강운경

**KT Enterprise부문 Enterprise전략본부
Enterprise전략담당 사업분석팀 차장**

◆

전기전자공학부를 졸업하고, 7년간 유선 네트워크망을 운영하는 엔지니어로 근무했다. 현재는 B2B 사업 및 기술 트렌드를 분석하고 중장기 전략 방향을 제시하는 업무를 하고 있다.

수학 토끼를 찾다가 공학 굴속으로

공대 입학 전에는 공대라는 곳이 무엇을 배우는 곳인지 전혀 알지 못했다. 나의 일상 속에 만나는 사람들, 그리고 간접 경험으로 만날 수 있는 드라마, 영화 속의 사람들의 직업은 교사, 사무직, 은행원, 의사, 약사 등 의식주와 직접적인 관계에 있는 직업을 갖고 있었기 때문이다. 아마도 주변에 공대 출신의 부모나 친척이 없는 대부분의 친구들도 그랬을 것이다.

전혀 알지 못한 공대를 선택하게 된 것은 고등학교 담임 선생님의 추천이 있었기 때문이다. 지금 생각해도 추천 사유는 굉장히 단순하지만 그 당시엔 충분히 공감이 가는 이유였다. 내가 국어나 영어보다는 수학을 잘하니깐 공대에 가는 것이 적성에 맞을 것 같다는 이유였다. 당시에는 어느 대학을 가느냐가 더 관심이 있던 때라 전공에 대해서는 깊이 고민하지 않고 지원이 가능한 전공으로 선택했던 것 같다.

대학에 입학을 하고 나서야 여학생 비율이 굉장히 낮다는 것을 알았다. 그렇다고 학업을 배우거나 학교생활을 하면서 여학생의 비율이 낮은 것은 문제가 되지는 않았다. 다만 공학이라는 학문을 공부하는 여학생의 비율이 낮은 소수라는 현실을 알게 되었을 뿐이었다.

대학 생활의 시련이 찾아온 것은 첫 시험 결과를 확인한 이후였다. 당시엔 이와 같은 선택을 한 과거의 나에게 너무나도 화가 났었다. 50점도 넘지 못하는 성적, 위에서보다 밑에서 순서를 세는 것이 더 빨랐던 형편없는 성적이었다. 나는 학교 수업을 거의 이해하지 못하고 있었던 것이었다. 충격을 받은 나머지 만회를 위해 수업에 집중하려고 애썼지만 너무 어려워서 그저 수업을 듣는 수준에서 벗어나지 못했다. 지금 생각해 보니 2년 정도는 오르지 않는 성적 때문에 많이 좌절하고 힘들어했던 것 같다.

그렇다고 포기는 하지 않았다. 공학이론들은 이해하지 못하더라도 그나마 강점이 있는 수학이론을 활용하여 수학 문제라도 풀자는 생각으로 학문을 접근하기 시작했고, 친구들과 스터디도 하면서 조금씩 성적이 올랐던 것 같다. 델타, 다이오드 등등 낯선 공학용어들도 점차 익숙해져 가고 퀴즈, 중간고사, 퀴즈, 기말고사의 무한 루프를 돌면서 졸업할 때 즈음엔 고된 학업에 찌든 흔한 공대생이 되어 있었다.

거울 나라 속에서의 끊임없는 달리기

끊임이 없는 시험의 굴레를 돌다 보니 어느덧 4년의 시간이 흘러서 졸업 이후 진로에 대해서 고민해야 하는 시기가 되었다. 진로는 대학원에 진학이냐 기업체에 취직이냐의 선택이었다. 내 주변 친구들과 선배들은 대부분 대학원으로 진로를 택했지만 난 기업체 취직을 결정했다. 그 당시에도 선택의 이유는 단순했다. 너무 어려운 공학 학문을 하면서 내 청춘을 더 이상 허비하고 싶지 않았다는 이유였다. 지금 생각해 보면 너무나도 중요한 선택이었는데 너무 고민을 깊게 하지 않은 것 같기도 하다. 그러나 지금 선택한다고 해도 당시의 나였다면 같은 선택을 했을 것이다. 당시에는 학업에 너무 지쳐 있었기에….

학업의 늪에서 벗어나기 위해 도피하듯 선택한 회사도 직접 경험해 보니 만만치 않은 곳이었다. 육지에 살던 동물이 바다에 처음 들어와 파도를 경험하면 느껴지는 강한 멀미를 느꼈고, 받은 만큼 일해야 하는 곳이 직장이라는 것을 실감할 수 있었다. 신입사원으로서 할 수 있는 업무는 극히 적었고, 이를 극복하기 위해서는 차츰 역량을 쌓아야 하는데 기회도 많이 주어지지 않았다.

처음 근무했던 유선네트워크 운영부서에는 약 30명의 직원이 있었고 그중 여직원은 3명밖에 없었는데 신입 여직원이 배치된 것은 10년 만의 일로 신입 여직원은 낯선 존재였다. 업무가 낯선 신입사원과 여직원이 낯선 남직원들 간에 심리적인 장벽을 허무는 것은 생각보다 쉽지 않았다. 그래서 심리적인 거리감을 줄이기 위해서 남자 직원과의 차이가 없음을 보여 주고자 노력했고, 주어지는 일은 무조건 작은 일이라도 열심히 했다.

예를 들면 고장이 난 장비 부품을 대체하기 위한 장비를 배송해야 하는 일을 해야 하는 경우가 있었다. 네트워크 장비는 대부분 고가의 장비로 무게가 10㎏을 넘기기도 했다. 체력적으로 무리가 되더라도 절대 남자 직원에게 도움을 청하지 않고 스스로 하려고 노력했고, 이를 위해 근력을 높이고자 별도로 운동도 하였다.

그리고 네트워크 업무 특성상 새벽에 야근을 해야 하는 경우가 많았는데 절대 거절하지 않았고, 한밤중에 장애가 나서 집에서 원격 접속으로 처리하는 경우가 있어도 불평 한마디 하지 않고 밤새 처리하고 다음 날 출근하기도 했다. 지금 생각해 보면 어릴 적 철없는 고집과 어리석음으로 느껴지지만, 당시의 나는 그렇게라도 해야 더 큰일을 경험할 수 있는 기회가 주어질 거라는 신념을 가지고 있었던 것 같다.

업을 대하는 성실함을 인정받아 조금씩 큰 업무가 주어지긴 했지만 내가 진정한 엔지니어로 인정받고 있다는 느낌을 받을 수는 없었다. 그래서 당시에 네트워크 엔지니어로서 역량을 인정받을 수 있는 자격증(CCIE,

Cisco Certified Internetwork Expert)에 도전하게 되었다. 솔직히 2년 정도의 네트워크 운영 경험으로 자격을 취득한다는 것은 결코 쉽지 않은 도전이었다. 단순히 외워서 취득하는 시험이 아니라 실제와 유사한 환경에서 업무 경험과 역량 이상을 보여 주고 검증이 완료되어야 주어지는 자격증이기 때문이다.

단기간에 급격하게 역량을 올리기 위해서 실제 테스트 환경과 유사한 시뮬레이션 프로그램을 통해서 실력을 쌓아 가는 노력이 필요했고, 수십 번 수백 번의 테스트를 반복하면서 역량을 쌓은 결과로 자격증을 취득할 수 있었다. 자격증을 취득하기 위한 시간들의 보상으로 점차 능력을 인정받기 시작하였다. 그러나 여전히 실력 있는 엔지니어는 아니었고 엔지니어라고 불릴 수 있을 정도의 수준이었다. 그래서 엔지니어로서 더 폭넓고 깊은 경험을 쌓기 위해서 네트워크 전문회사인 지금의 회사로 이직하게 되었다.

첫 직장으로 네트워크 회사를 선택해서 우연히 걷게 된 엔지니어의 길이지만, 7년간의 엔지니어로서의 삶은 꽤 괜찮은 삶이었다는 생각이 든다. 네트워크를 필요로 하는 사람들에게 적기에 서비스를 제공하고 네트워크가 고장 났을 때 바로 이유를 찾아서 해결할 때는 뿌듯함도 느낄 수 있었다. 고객네트워크에 장애만 나면 늘 나만 찾으시는 고객이 있었는데, 그분이 언젠가 장애가 해결되고 마무리를 짓는 단계에서 나에게 고맙다고 덕분에 올해 승진하게 되었다고 말씀하신 적도 있었다. 별말씀은 아니었지만 '내 자신이 괜찮은 엔지니어구나.'라는 생각이 들었다.

그러나 시간이 흐를수록 엔지니어로 성장의 한계는 느껴졌다. 거울나라 속에서 열심히 달리고 있으나 숲이 더 빠른 속도로 변화하여 제자리에만 머물고 있는 앨리스와 같은 상황처럼 느껴졌다. 나는 열심히 달리고 있는데 기술과 산업이 나보다 빠른 속도로 변화하고 난 주체적으로 변화를 선택하기보다는 누군가의 결정에 의해 만들어진 틀 안에서 그것을 쫓아가기에 급급하다는 생각이 들었다.

그래서 틀을 만들고 제시하는 사람이 되고 싶다는 생각과 요구가 점점 강해졌고, 결국 경영이라는 학문에 도전하게 되었다. 기술만 배우고 업무를 하던 사람이 경영이라는 환경과 사람들에게 적응하는 것은 생각보다 쉽지 않았다. OPEX, CAPEX 등의 용어부터 낯설어서 팀원들 간의 대화에도 끼지 못하는 과묵한 사람이 되었고, 기계만 대하던 사람이 누군가를 설득하고 이해시키기 위한 보고서를 작성하는 것이 너무 어려워서 한번 보고서를 쓰면 수십 번 탈고를 해야 완성할 수 있었다.

하지만 지금은 B2B 사업에 대해서 분석하고 사업전략을 제시하는 업무를 무리 없이 수행할 수 있게 되었다. 그 이유는 내가 적응력이 좋아서라기보다는 우리 회사가 상대적으로 부서 간 이동이 자유로운 기업문화 덕분인 것 같다. 내가 오기 전에도 기술부서에 온 선배들이 많이 있었고, 그런 선배들은 나의 고충을 이해하고 역량이 향상되는 데 필요한 시간까지 기다려 주었다. 조금씩 업무에 적응하면서 어느덧 6년이라는 시간이 흘렀고, 이제는 공학을 전공했다고 하면 주위에서 의아한 시선을 보낼 정도로 업무에 익숙해졌다.

6년간 전략 업무를 하고 있는 날 보고 누군가 이젠 전공을 떠나서 경영으로 커리어패스를 변경한 것이냐고 물은 적이 있었다. 나는 180° 전환한 게 아니라 보통의 엔지니어와 45° 정도쯤 다른 길을 걷고 있을 뿐이고 나는 여전히 엔지니어의 길을 걸어가고 있다고 대답했다. 내가 하고 있는 업인 엔지니어링은 과학의 원리 그 자체보다는 인간의 이익에 도움이 되는 것을 목적으로 하는 업이다. 그래서 나는 진정한 엔지니어는 사람으로부터 시작해야 한다고 생각한다.

그러나 일부 엔지니어들은 일에만 오래 몰두한 나머지, 기술이나 업 자체의 완벽성에만 치우쳐 비즈니스(Business)를 무시하는 판단을 하기도 한다. 그래서 지금 나는 지금 과학이나 기술이 아닌 인간의 이익이라는 것에 어떻게 부합할 수 있느냐에 대한 경험을 쌓고 있는 중이고, 더 나은 엔지니어가 되기 위한 준비를 마치고 나면 다시 엔지니어로 돌아갈 생각을 가지고 있다.

여성 엔지니어 혹은 여성 리더들의 이야기를 듣거나 읽을 때 나와 비슷한 경험들을 말하셨던 기억이 있다. 낯선 시선, 불공평한 기회 등등에 대한 에피소드들이 어쩜 나와 이렇게도 비슷한지 안타깝다는 생각과 함께 안도감도 느껴졌었다. 그래서 주변의 후배들에게도 여성 리더와 만날 기회가 주어지면 참여를 추천하는 편이다. 나만 이런 게 아니고 다른 사람들도 겪고 고민하고 있다는 걸 깨닫게 되면 지금의 불편한 상황이 조금은 가볍게 생각되고, 감정을 넘어서 이성적으로 다시 바라볼 수 있는 기회가 되기 때문이다.

내가 그랬듯 나의 이야기가 그런 고민을 하는 누군가에게 조금이나마 도움이 되었으면 한다. 그리고 이러한 경험들을 누군가는 겪지 않길 바란다. 마지막으로 각자의 방식으로 생존하고 있는 모든 이들을 항상 응원한다.

꾸준함도 곧 실력,
성실함으로 얻은 지금의 나

김혜림
한국생산기술연구원 포스트닥터

✦

동아대학교 섬유산업학과를 전공, 패션디자인학과를 부전공으로 졸업하고, 의상섬유학과에서 석사 학위를 취득한 후 부산대학교 유기소재시스템공학과에서 3D 프린팅 공정 기반 탄소나노재료 적용 직물 발열체 제조에 대한 연구로 박사 학위를 취득하였다. 현재 한국생산기술연구원 융합기술연구소에 재직 중이며, 탄소나노재료 기반의 전도성 소재 제조 및 의류 봉제 자동화 공정 관련 프로젝트 등 융합 기술을 요하는 다양한 연구에 참여하고 있다.

난 어느 분야로 취업을 할 수 있을까?

학창 시절, 여느 여고생들과 같이 나는 꾸미기 좋아하고 패션에 관심이 많았다. 당연히 패션디자인학과로 진학을 희망했지만, 공부와 거리가 멀었던 탓에 성적을 맞추어서 진학해야만 했다. 그래도 최대한 원하는 분야로 가기 위해, '그래. 디자인은 한정적이야. 소재에 따라 옷은 달라질 수 있어!'라고 자기 합리화를 하면서 섬유산업학과에 입학하게 되었다.

신입생 때 배우는 맛보기 전공, 그리고 2학년이 되면서 배우기 시작한 실 주 전공과목을 배우기 시작하면서 다양한 산업 분야에서 사용되고 있는 고강도 및 고기능성의 산업용 소재들에 큰 관심이 생기기 시작했다. 하지만 마음 한편에 계속해서 자리 잡고 있던 나의 패션에 대한 갈증은 여전히 남아 있었고, 결국 3학년이 됨과 동시에 부전공으로 패션디자인학과를 신청하게 되었다. 처음에는 두 가지를 병행하기 너무 어려웠다. 재봉틀을 한 번도 다뤄 보지 않았던 내가 재봉틀로 무언갈 만들어야 했고, 도식화가 뭔지도 몰랐던 내가 작업 지시서를 만들고 있어야 했고…. 그야말로 수업 진도 따라가기에 급급했다.

그러던 와중, 나는 패션 소재와 관련된 수업들을 수강하게 되었다. 그 당시, 아웃도어 열풍이 불고 있었고, 기능성 소재나 신소재가 마구 개발되고 있을 때였다. 때마침 여러 가지 운동에 취미가 있었던 나는, 스포츠 웨어나 아웃도어에 사용되는 특수 기능성 원단들을 서치하고 원리를 알아가는 것이 너무 흥미로웠고, 또 이러한 원단들을 이용해서 내가 입고 싶은 운동복을 디자인하고 선정한 원단으로 제작하면 좋겠다는 막연한 꿈도 생겼었다.

그러나 4학년이 되기 전 겨울 방학. 현실적인 문제에 부딪히게 되었다. 주 전공으로 취업 준비를 하기에도, 부전공으로 취업 준비를 하기에도 어느 것 하나 완벽하게 준비된 게 없었고, 둘 다 너무 부족했다. 그래서 나는 큰 고민에 빠지기 시작했다. 난 어느 분야로 취업할 수 있을까?

학과 조교에서 요가 강사였던 나, 대학원에 발을 내딛다!

취업 준비로 고민을 하던 와중에, 우리 학과 조교를 하고 있던 동기로부터 패션디자인학과 조교 면접 제의를 받았다. 워낙 액티브하게 움직이는 걸 선호했고, 심지어 학부 시절 동안 학과 사무실 방문한 경험이 다섯 손가락 안에 꼽혔던 나였기에 행정 업무, 사무직에 대해 단 한 번도 생각해 본 적이 없었다. 그런데 왜인지 모르겠으나 제의를 받고 고민도 별로 하지 않고 덥석 면접을 보겠다고 했고, 그렇게 나는 누구보다 천직인 것처럼 모든 계약 기간을 채우고 마무리했다.

그 무렵, 여전히 나는 활동적이었기에 다양한 스포츠 활동에 취미를 가지고 있었다. 요가, 등산, 수영 그리고 서핑까지! 심지어 나는 그때 요가에 빠져 있어서, 자격증 취득까지 해서 아르바이트 겸 진행하고 있었고, 조교 후에 전업으로 전향을 할까 심히 고려하고 있던 찰나였다.

그러던 도중, 마치 내 취미 활동을 알고 계시기라도 한 듯이 이와 관련된 새 테마로 연구를 진행하려고 하시는 교수님으로부터 대학원 진학 제안을 받게 되었다. 앞서 글에서 느껴졌을지 모르겠지만, 정말 공부와는 거리가 매우 멀었던 나에게 대학원 진학이란 단어는 도무지 상상을 할 수가 없었고, 생각도 해 보지 않았던 부분이었다.

　그런데 제안을 받고 며칠간 고민했던 나는 생각이 달라졌다. 내가 관심 있는 분야로 연구를 할 수 있다는 것에 큰 메리트가 느껴졌고, 특히나 학부 시절 한때 꿈꿨던 부분인 내가 원하는 디자인과 소재로 스포츠웨어를 만드는 것에 한 발짝 가까워질 수 있을 뿐만 아니라 석사 졸업 후 실현 가능할 수 있다는 생각이 들었기 때문이다. 그렇게 나는 요가 강사 생활을 병행하면서 석사 과정 생활을 하게 되었다. 두 가지를 다 놓을 수 없었던 나는 아르바이트 겸 주 2-3회 요가 수업을 했고, 그 외의 시간은 대학원 생활에 매진했다.

　학부 때와는 확연하게 달랐고, 배웠던 것들도 기본 소재에 대한 내용부터 모두 새롭고 신선하게 다가왔다. 과제 수행을 시작하면서 이제껏 내가 접하지 못했던 일들을 접하게 되었다. 두 발로 직접 뛰어 전문가들을 만나고, 국내외에서 진행하고 있는 다양한 연구를 논문을 통해 공부하고, 그리고 무엇보다도 새로운 소재 개발을 위한 실험을 하면서 처음 접한 것들에 대한 낯설지만 신선함이 너무 좋았다.

　그렇게 새로운 것을 끊임없이 접하던 중, 첫 학회를 준비하게 되었다. 여태껏 했던 실험을 기반으로 그래프 그리기, 결과 분석하기, 초록 작성하기, 그리고 포스터 만들기 등 또 다른 생소한 것들을 접하게 되었고, 이 하나하나 모두 지도 교수님의 세심한 지도하에서 배워 나갈 수 있었다. 그렇게 서서히 자연스럽게 요가보다 연구에 더 몰두할 수 있는 환경이 조성되기 시작했고, 이 생활에 적응해 나갈 수 있었다.

　2016년 1월, 석사 2년차가 시작되자마자 나는 탄소 나노 복합체 기반의 직물 발열체 제조에 관한 연구로 내 학위 논문을 준비하게 되었고, 졸업의

순간이 내 앞에 다가왔을 때 즈음 또 한 번 더 나에게 선택의 순간이 찾아오게 되었다.

이미 발 딛는 것, 끝까지 가 보자

　내 인생에서 석사 졸업이라는 타이틀도 과분하다고 생각할 무렵, 또다시 선택의 순간이 찾아왔다. 그건 바로 박사 과정 진학에 관한 것. 사실 난 내 머리가 좋다고도, 공부를 잘한다고도 생각해 본 적이 없기 때문에, 당연히 석사 졸업을 하고 취업 준비를 해야 한다고 생각했었다. 그런 내가 박사 과정 진학을 제안받았을 때에는 정말 머리가 멍했었다.

주변에서는 '여자가 박사까지 하면 나중에 시집도 못 가!' 하면서 농담 같은 진담을 한 어른들도 꽤나 있었지만, 개인적으로 나는 내 자신이 웬만한 남자보다 크고 튼튼하고 강한 여자라 생각하기 때문에 아랑곳하지 않았다. 단지 '과연 이 길이 내 길이 맞는가?'라는 생각이 들어서 진학에 대해 고민을 했고, 결국 나의 가장 가까운 벗이자 인생의 선배인 부모님과 상담을 하고 조언을 얻기 시작했다. 늘 배움에는 끝이 없다고 말씀하셨던 부모님께서는 당연히 좋은 기회이니 시작해 보라고 하셨고, 나는 깊은 고민에 빠지기 시작했다.

내가 잘하는 거라곤, 끈기, 성실, 인내, 그리고 책임감과 사명감을 가지고 무조건 열심히 하는 것뿐이었다. 나는 '이걸로 과연 내가 박사 과정을 잘 마무리할 수 있을까?', '졸업은 할 수 있을까?' 하는 생각이 많이 들었지만, 한편으로는 '공부를 하기로 마음먹었으니, 뭐가 되었든 한번 끝까지 해 보자!' 하는 오기도 생기기 시작했다. 사실 주변에 박사 과정을 해 본 사람도 없었고 가까이서 보지 못했기 때문에 더 무모하게 시작했을지도 모른다. 불같은 성격의 나는 또 한번 마음먹으면 직진하는 성격이라 마음먹자마자 교수님께 말씀드리고, 박사 과정에 진학하기로 결정했다.

사실 박사 과정에 임하는 내 마음가짐은 남달랐다. 석사 때 지도 교수님께서도 우리는 사립, 지방대 출신이고, 앞으로 많은 사람들과 경쟁을 하려면 10배, 아니 100배는 더 열심히 해야 한다고 늘 말씀하시곤 했다. 나도 당연히 그렇게 해야 한다고 생각했고, 무엇보다도 정말 너무나도 평범한 나였기에 무조건 열심히 하려고 노력했다.

박사 과정 동안은 집보다 학교에서 생활하는 시간이 더 많았고, 연구실 식구들을 가족들보다 더 오래 봤었다. 실험하고, 공부하고, 분석하고, 그리고 논문 쓰고를 반복하면서 생활화했고, 누구와 견주어도 실적에서 뒤지지 않을 만큼 많은 성과를 낼 수 있었다. 이건 정말 교수님께서 빠르고 좋은 피드백과 환경을 조성해 주셨기 때문에 가능한 일이었다.

박사 과정 동안에는 석사 과정 때보다 담당하고 해야 할 임무들이 몇 배는 더 많이 늘어났지만, 다 나에게 이득이 되는 일이라 생각했다. 그리고 실제로도, 아니 지금까지도 당시에 했던 모든 일들이 나에게 도움이 되고 있기 때문에 늘 긍정적으로 할 수 있었다. 그렇게 나는 스파르타 아닌 스파르타 같은 특훈을 받고 끝까지 달려서 3년 반이라는 짧은 기간 내에 박사 학위를 취득할 수 있었고, 내가 도전했던 내 목표 지점에 도달하게 되었다.

: 학회 발표 사진   : 박사 학위 졸업 사진

멀티 플레이어로 거듭나다

석사 학위 때 우리 랩실에는 나 포함 세 명의 학생들이 있었고, 각자 다른 테마를 맡아서 진행하고 있었다. 내 전공은 탄소나노재료 기반 전도성 소재 개발이었고, 이 테마를 박사 학위까지 이어서 진행했다. 그러던 와중에 같이 공부하던 친구들이 한 명씩 졸업을 하고 취업하게 되면서 자연스럽게 나에게 그들이 하던 주제들이 더해졌다.

IoT 기반 웨어러블 텍스타일 그리고 3D 프린팅까지, 모두 4차 산업 혁명 시대에서 핵심 기술로 주목받고 있는 분야들이었다. 그래서 나는 나에게 다 도움이 될 분야들이고, 함께 연구하면 더 시너지가 있을 것이라 확신하고 더욱 열심히 매진하였다. 어떻게 보면 욕심쟁이랄까?

두 가지 분야는 의류학 분야에서도 융복합 연구로 중요하게 대두되고 있기 때문에, 연구 과제뿐만 아니라 교육 프로그램으로도 수요가 많았다. 이런 자리가 있을 때마다 늘 좋은 기회를 주시던 교수님 덕분에, 나는 3년간 스마트 텍스타일과 3D 프린팅 텍스타일 관련하여 방학 특강 중 실습 부분을 일부 맡게 되었다.

처음엔 코딩도 오픈 소스로만 무언갈 만들어 봤었지만, 조금씩 코딩 언어도 공부하면서 의미를 알게 되고 다양한 코딩을 조합하면서 내가 원하는 기능을 구현할 수 있는 재미를 느꼈다. 또 3D 프린팅과 관련한 자료를 준비하면서 새로운 모델링을 해 보고, 툴을 익히고, 재료에 따라 조건을 맞춰 가는 등 여러 가지를 시도해 보면서 이러한 과정들을 통해 내가 배우고 얻는 게 더 많다는 것을 깨달았다.

게다가, 3D 프린팅 공정의 경우 3D 프린터를 가지고 작업하기 때문에 관리가 필요하고, 작동이 원활하게 되지 않을 때도 있었다. 기계치인 나는 분해하는 게 두려워서 업체에 늘 문의하고 수리하려고 했으나, '어디서, 무엇 때문에, 왜 고장 났을까?'를 생각하면서 해결해 나가는 게 나의 임무라는 걸 안 이후로는 직접 장비를 만지고 분해하고 고치면서 사용해 나가기 시작했다. 해결이 될 때마다 성취감이 느껴졌고, 그렇게 점점 스스로 해결할 수 있는 일이 많아지면서 다방면의 멀티플레이어가 될 수 있었다.

사실 내 일이 아닌 다른 누군가의 일들이 나에게 오게 되면, 누군가는 부정적으로 또 다른 누군가는 나와 같이 긍정적으로 받아들일 수 있다고 생각한다. 좋은 경험이든 나쁜 경험이든 해 봐야지 좋고 나쁨을 알 수 있다고 생각한다. 경험은 돈 주고 살 수도 없으니, 다양하게 배우고 경험하게 되면 그 경험치가 쌓여서 또 한 걸음 성장해 나갈 수 있는 나를 만들 수 있지 않을까?

: 수행했던 다양한 분야 사진

: 3D 프린팅 전시회 사진

꾸준함과 성실함, 그리고 다양한 경험의 결과

나는 내가 맡은 일에 대해서 끝까지 책임지고 해야만 하는 단순한 사람이면서 무모하다고 할 만큼 새로운 것에 대한 도전을 좋아하는 사람이다. 앞에서도 얘기했듯이, 끈기, 노력, 꾸준함 그리고 성실함 빼곤 시체이기 때문에 주변에서 '아직도 하고 있어?', '여전하네.'라는 말을 들을 만큼 공부든, 요가든 시작하면 끝을 볼 때까지 한다.

이렇게 나는 학부 입학 때부터 박사 졸업까지 13년 동안 학교에 있었고, 이제 다음 내 행보를 위해서 떠나야 했다. 학교 랩실에서 혼자 실험하고 논문 쓰는 것에 익숙해져 있던 나는, 새로운 경험이 나에게 또 다른 시너지를 줄 수 있기 때문에 이와는 또 다른 환경에서 일을 해 보고 견해를 넓히는 것이 좋을 것 같다는 생각이 들었다.

사실상 이곳에 지원하기 전, 담당 업무는 의류 봉제 자동화 시스템 쪽으로 나의 전공과는 정말 무관한 분야였다. 이 부분에 대해서는 학회 때 그 당시 담당하시던 박사님의 발표로 마주한 것이 다였다. 어딜 가든 내가 하고 싶은 것만 할 수 없고, 새로운 건 공부하면서 배워 나가면 된다고 생각했기 때문에 마음먹으면 곧바로 직진하는 나는 이번에도 뒤도 돌아보지 않고 'Go!' 했다.

서류를 제출하고, 면접 일자가 다가왔다. 떨리는 마음을 부여안고 심사위원들 앞에서 지원자 소개와 그간의 연구 수행 내용과 실적을 발표하고, 여러 가지 질문에 대답한 후 면접장을 나섰다. 당일에 최종 합격 발표를 통보한다고 해서 메일함만 주구장창 보고 있던 나는 "최종 면접에 합격하였습니다."라는 메일을 받게 되었다.

: 장비 교육 영상 촬영 중

활용 책임 박사님으로부터 "면접자 중 가장 높은 점수로 합격했다네요. 축하해요."라는 말에 내가 지금껏 해 온 것이 헛되지 않고 좋은 밑거름과 발판이 되었구나 하는 생각에 너무나도 기뻤고, 이 자리까지 올 수 있도록 도와주신 모든 분들에게 감사하다는 생각이 들었다.

이 글을 적고 있는 지금 이 순간에도, 그저 평범했던 내가 박사후 연구원이라는 타이틀을 가지고 이 자리에서 일할 수 있는 것에 감사한다. 어쩌면 지금도 무언가를 시작하기 전 '과연 내가 할 수 있을까?', '이 길이 내 길이 맞는 건가?' 하고 생각하는 누군가가 있으리라 생각된다.

나 역시도 같은 생각을 하고 있었던 누군가였기에, 그들에게 오로지 꾸준함과 끈기, 노력, 그리고 단순함과 무모함으로 험난했던 생활을 헤쳐 나간 나의 이야기를 전달함으로써 조금이나마 도움이 되길 바라며, 포기하지 않고 끝까지 자신의 목표를 향해 달려가면 결국 그곳에 도달해 있을 거라는 희망을 잃지 않길 바란다.

때로는 돌아가는 길에서
나의 길을 찾을 수 있다

박주영

고려대학교 에너지환경대학원 부교수

◆

서울대학교 지구환경시스템공학부에서 학사와 석사 학위를, 예일대학교에서 환경학으로 박사 학위를 취득하였다. 콜롬비아 보고타 소재 로스안데스 경영대학에서 3년간 조교수로 재직하였으며, 2018년부터는 고려대학교 에너지환경대학원에서 지속가능발전, 순환경제, 에너지환경정책에 대한 연구를 수행하고 있다.

연구자로서의 길을 걸어가고 있는 많은 분들이 그렇듯이, 대부분의 시간을 학교라는 공간에서 공부하고 연구하며 지내 왔다. 하지만 연구자로서 나는 한 분야의 길을 꾸준히 걸어가며 전문성을 쌓아 오기보다는, 샛길을 들렀다 나오기도 하고 여러 길을 돌아 이 자리에 오게 된 것 같다.

공대를 나왔지만 산업생태학이라는 분야를 전공하고 경영대에서 처음 일을 시작, 지금은 에너지환경정책에 관련된 연구를 하고 있다. 이 지면을 빌려 지름길로 가는 것보다 늦게 돌아가는 길이 나쁘지만은 않다는 것, 때로는 필요할 수도 있고 도움이 될 수도 있다는 이야기를 해 보고자 한다.

환경공학으로 시작한 길

돌이켜 생각해 보면, 환경문제에 대한 관심은 대학교 시절 자연스럽게 갖게 된 것 같다. 더 어렸을 때의 나는 명확한 꿈이 없어서 장래희망을 적어 내야 하는 순간마다 고민하다가 막연하게 좋아 보이는 두어 개 직업을 돌아가면서 적기도 했다. 대학 입시 때에도 여러 대학 다른 과에 지원했다. 세상의 이치와 원리를 이해하고자 하는 기초과학은 어려울 것 같고, 좀 더 손에 잡히고 문제를 해결해 나가고자 하는 공학이 더 적성에 맞을 것 같다는 막연한 생각 정도가 있었을 뿐이다.

그렇게 뚜렷한 목표가 없는 상태로 서울대 지구환경시스템공학부에 입학했다. 당시 지구환경시스템공학부 커리큘럼은 토목공학, 도시공학, 환경공학, 자원공학 네 개 분야의 기초 수업뿐 아니라 다양한 전공 수업을 어느 정도 자유롭게 선택할 수 있도록 유연하게 구성되어 있었다. 덕분에 교양 수업뿐 아니라 타 학과 수업도 수강하면서 여러 분야에 대해 깊게는 아니더라도 다양하게 탐색하고 생각해 볼 수 있었던 것 같다.

그 과정에서 적성이 맞지 않는 분야를 알게 되고, 반면 더 흥미가 느껴지는 분야가 생겼다. 그렇게 4학년에 접어들 때 즈음 환경공학을 전공하기로 하고, 대학원에 진학하기로 결정하게 되었다. 환경공학이라는 전공을 선택한 데에는 수업뿐만 아니라 동아리 활동의 영향도 컸다.

환경 동아리도 처음부터 계획해서 들어가게 된 것은 아니었다. 입학하고 자연스럽게 친해진 선배 및 동기와 공대 환경 동아리를 시작하게 되었고, 선배들을 따라 신나게 놀기도 하고 발제와 토론을 하면서 알게 모르게 환경문제의 중요성을 마음 깊이 체득하게 된 것 같다. 환경문제를 해결하기 위해 쉬운 해결책은 보이지 않아 답답하지만, 그렇다고 다른 일을 하자니 무언가 중요한 문제를 놓치고 있다는 불편함이 들 정도였으니 말이다.

대학원에 들어가서는 본격적으로 토양오염 처리에 관한 실험과 연구를 시작하게 되었다. 사실 연구를 시작하기 전에는 연구가 무엇인지, 연구를 하기 위해서는 어떤 노력을 해야 하고 어떤 역량이 필요한지 몰랐다. 학부 때까지 해 왔던 공부는 새로운 지식을 이해하고 적용하는 과정이었다면, 연구는 한 문제에 대해 나만의 답을 찾아보고 제시하는 훨씬 더 능동적인, 그래서 어려운 작업이었다.

해외 학술저널들을 계속 읽어야 하는데 잘 이해되지 않아 답답하기도 했고, 처음 실험을 설계하고 수행할 때는 막막하기만 해서 미루고 미루다가 선배님들의 도움으로 그래도 조금씩 진행할 수 있었다. 연구는 어려웠던 만큼 마무리를 하고 보면 큰 성취감이 있었다. 아마도 그런 부분 때문에 아직까지도 쉽지 않은 연구를 계속하고 있는 것 같다.

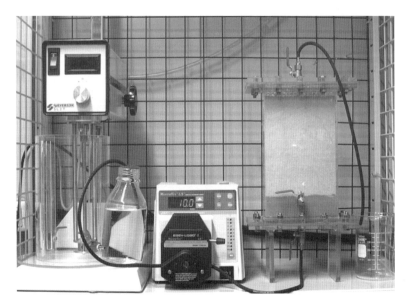

: 석사 과정 중 수행했던 실험 장치

한편, 석사 과정은 내게 큰 전환점이 되는 계기를 마련해 주기도 했다. 대학원에 지원할 때는 이론적으로 공부하는 것보다 내 손으로 직접 실험해서 결과를 도출하는 것이 재미있을 거라고 막연히 생각했다. 그런데 막상 실험을 해 보니 생각처럼 되지 않아 좌절스러운 순간이 많았다. 제대로 된 측정 스탠다드 커브를 그리기까지도 시간이 걸렸고, 한 실험은 3개월 넘게 실패했는데 왜 결과가 제대로 나오지 않는지 그 원인을 파악하지 못해서 결국 오염물질을 바꾸어 실험을 다시 시작해야 했다.

똑같은 실험을 해도 결과가 잘 나오는 친구들이 있는데, 나는 불행하게도 실험에 관해서는 손재주가 없는 경우였던 것 같다. 내 한계를 깨닫게 되자 더 연구를 한다면 전공 분야를 바꿔야겠다는 결론에 이르렀다.

새로운 전공에 도전하게 된 유학 생활

오염 처리를 위한 기술개발 실험이 잘 안될 때마다, '애초에 오염을 예방할 수 있다면 좋을 텐데….'라는 생각을 했다. 더 공부를 한다면 해외에서 유학해 보고 싶은 마음이 있었기에, 오염 예방을 위한 환경정책 관련 해외 프로그램을 조사하다가 산업생태학이라는 분야를 알게 되었다.

산업생태학은 지속가능한 산업시스템은 자연생태계가 작동하듯이 설계하고 운영해야 한다는 철학을 가지고 1990년 새롭게 시작된 학문 분야였다. 기본 철학뿐 아니라 공학, 경제학, 경영학을 접목해서 큰 시스템의 여러 측면을 보는 융합적인 분야라는 것도 매력적으로 느껴졌다.

관련 프로그램이 전 세계적으로도 아직 많지 않은 신생학문을 전공하는 것이 걱정되기도 했지만, 합격통지서를 받고 나니 일단 부딪쳐 봐야겠다는 생각이 들었다. 실험도 해 보기 전까지는 적성에 맞는지 알 수 없었던 것처럼, 어차피 겪어 봐야 알 수 있을 것 같았다. 또한 합격한 대학원은 산업생태학뿐만 아니라 산림 및 환경 관련 과학, 경제, 경영, 법제도 등 환경 관련 다양한 전공을 다루고 있어서 여러 분야를 탐색할 수 있을 것이란 생각이 들었다.

호기롭게 도전은 했지만 미국 유학 첫해는 어려운 현실로 다가왔다. 내 영어 실력으로는 밤을 새워도 수업 자료를 다 읽어 갈 수 없었고, 녹음을 해서 다시 들어도 들리지 않는 부분은 계속 이해가 되지 않았다. 처음으로 참석했던 학회 발표는 이해하기 어려웠다. 석사 전공과 다른 분야의 학술 발표를 영어로 듣다 보니 거의 외계어처럼 들렸던 것 같다.

그런 상황이다 보니 박사 연구 주제를 찾는 것도 막막했다. 논문을 읽을 수록 이해되는 것보다 모르는 것이 많아서 더 읽어야 할 자료만 늘어나곤 했다. 다행히 같은 시기 유학을 시작했던 동기들과 서로 의지하고 위로하며 좌절스러운 시기를 버텨 나갈 수 있었다.

박사 과정 2년 정도가 지나자 조금 감이 잡히기 시작해서 3년차에 논문 계획 발표를 하고 자격시험을 통과할 수 있었다. 새로운 전공 분야를 접하고 좌절하던 시기를 지나 연구 주제와 방향을 정하고 나니 마음이 그렇게 홀가분할 수 없었다. 미국 생활에도 익숙해졌고, 여러 국적과 배경을 가진 친구들을 만나면서 다양한 문화와 시각을 배우기도 했다. 연구 계획이 구체화되고 나니 연구도 잘 진행되어서 무사히 졸업도 할 수 있었다.

졸업 후에는 같은 곳에서 박사후연구원으로 일하게 되었는데, 나만의 연구를 홀로 해야 하는 박사 과정 때와는 달리 다양한 연구자들과 협업을 하며 연구 주제를 확장할 수 있다는 점이 좋았다. 특히 비슷한 관심사를 가지고 언제든 연구 아이디어나 일상생활을 공유할 수 있는 좋은 동료 연구자들과 함께한 것은 행운이었다. 다음 자리를 준비해야 하는 불안정한 시기였지만, 또 다른 한편으로는 하고 싶은 연구를 자유롭게 할 수 있는

: 정기적으로 참여하는 국제학회에서 참가자들과

시기였던 것 같다.

남미 경영대학에서 시작하게 된 교수 생활

교수 임용은 학생에서 교수로 도약이 필요한 또 다른 도전이자, 인내심을 가지고 내게 맞는 자리를 탐색해 가는 과정이다. 산업생태학에 특화된 전문 교육기관이 아직 많지 않은 상황이다 보니 학과나 프로그램의 성격에 따라 내가 기여할 수 있는 역할을 찾아 지원하는 것이 쉽지 않았다.

처음으로 임용된 곳은 전혀 예상치 못했던 남미의 콜롬비아, 그것도 경영대학이었다. 처음 이곳의 교수 채용에 대해 지도교수님께 듣게 되었을 때는 실제로 일하게 될 수 있을 거라 기대하지 않았다. 스페인어를 한마디도 할 수 없을뿐더러, 마약으로 알려진 잘 알지 못하는 국가라 살기에 위험하다고 생각했다.

하지만 대학을 방문하고 인터뷰해 보는 것이 도움이 될 것 같아 3박 4일로 보고타를 방문하게 되었는데, 이 방문 인터뷰로 생각이 바뀌게 되었다. 경영대학 내에 지속가능성 분야, 산업생태학 분야 프로그램도 잘 마련되어 있을 뿐 아니라, 무엇보다 같이 일하게 될 교수님이 연구 분야도 잘 맞고 한 팀으로서 같이 일하고 싶을 만큼 리더십과 좋은 에너지가 가득한 분이셨다.

특히 그 교수님께서는 이미 오랜 기간 기업의 청정생산과 환경경영을 위한 역량 강화 프로그램을 운영하고 있었는데, 기업과의 프로젝트를 통해 실제로 현장의 변화를 이끌어 내고 사회에 기여할 수 있는 연구가 진행되고 있다는 것이 흥미롭게 느껴졌다.

: 정로스안데스 경영대학에서 진행했던 기업 역량 강화 프로그램, RedES-Car 워크숍 장면

그동안 주로 이론적인 연구를 해 왔고, 방문이나 인터뷰를 통한 연구도 현장의 상황을 잘 이해하기에는 한계가 있어 갈증이 있던 터였다. 그리고 무슨 배짱이었는지 모르겠지만 미국에서 7년이라는 시간을 살아 보니, 사람 사는 곳이라면 그 어느 국가라도 어떻게든 살아갈 수 있겠다는 생각도 들었다.

실제로 콜롬비아 로스안데스 경영대학에서 3년간의 조교수 생활을 하면서 현장 연구를 수행하고 신흥국 환경과 경영학, 교수 생활에 대해 많은 것을 배울 수 있었다. 학부 때는 경영학 수업을 들어도 그 내용이 잘 이해되지 않았는데, 신흥국의 복잡한 현장에서 리더십을 발휘하고 문제를 해결해 나가는 교수님을 보며 경영학이 기업과 현장에서 왜 중요한지 느낄 수 있었다.

교수님이 이끄는 기업 역량 프로그램에 같이 참여하여 많은 기업인들도 만나 볼 수 있었고, 새로운 프로그램을 같이 개발하고 운영하는 경험도 할

: 워크숍 후 수료증을 받은 참가자들과 함께

수 있었다. 또한 교수님은 콜롬비아에서의 생활뿐만 아니라 강의, 연구, 리더십에 대해 멘토로서 많은 조언과 가르침을 주셨다.

생소한 나라인 콜롬비아까지 가서 왜 교수 생활을 시작했는지에 대한 질문을 자주 받곤 한다. 미리 계획한 것은 아니었지만 미국이나 한국에서 경험하지 못한 현장을 배울 수 있었던 시간이었던 것은 분명하다.

다양함 속에서 찾는 나만의 길

현재는 에너지 및 환경 분야에서 과학기술과 정책 모두를 이해하는 융합인재를 양성하고자 에너지환경정책 분야의 교육과 연구를 하고 있다. 융합의 필요성에 대해 이야기는 많이 하지만 융합이 무엇인지 이해하고 실제로 실천하는 것은 쉽지 않다.

학생들도 처음에는 다양한 수업을 듣는다는 것에 흥미를 가졌다가, 여러 분야를 폭넓게 공부해야 하는 것도 어려운 데다 각 분야에 대한 깊이와 전문성은 부족한 데에 혼란을 겪는 모습을 많이 보았다. 나 스스로도 연구자로서의 정체성과 내가 할 수 있는 일이 무엇인지 계속 고민하고 답을 찾아 나가고 있다.

하지만 길을 돌아가는 경험을 해 보니, 융합형 인재가 왜 필요한지에 대해 느끼는 바도 있었다. 한 분야의 전문가가 다른 전공을 이해하는 것은 생각보다 어렵다. 특히 공학과 인문사회과학은 그 간극이 더 커서, 사용하는 언어도 다르고 접근하는 방식도 다르다. 때로는 관점의 차이와 몰이해로 인해 격렬하게 토론을 하는 경우도 종종 보았다.

기후위기와 같이 현재 우리가 맞닥뜨린 어려운 문제를 해결해 나가기 위해서는 누군가는 다양한 분야를 이해해서 각 분야 전문가 간 대화와 협업을 중개하기도 하고, 큰 그림을 가지고 방향을 제시할 수도 있어야 한다. 그 역할을 융합형 인재가 이끌어 나갈 수 있지 않을까?

혹 나처럼 길을 돌아가게 될지도 모르는 후배들에게 마지막으로 이런 이야기를 해 주고 싶다. 세상은 빠르게 변하고 나도 시간이 지남에 따라 달라지기 때문에 인생은 계획대로 흘러가지 않을 수 있다. 그래서 길을 돌아갈 수 있는데, 그 길이 때로는 비효율적으로, 뒤처지는 것같이 보이더라도 그 과정에서 내게 맞는 일, 내가 할 수 있는 일에 대해 좀 더 깨닫게 되는 부분이 있다는 것을. 그렇게 겪어 보지 않으면 제대로 알지 못할 수도 있다는 것을 말이다.

다양하게 주어지는 기회 속에서 직접 부딪쳐 보고, 내가 하고 싶은 일, 할 수 있는 일을 찾아 나가길 바란다.

우리가 생각하는 대로,
우리는 실현된다

한소현

**㈜디에이그룹엔지니어링종합건축사사무소
디자인그룹 본부장**

✦

인천대학교 건축공학과 졸업 후 서울시립대 도시공학과에서 석사를 마치고
박사 과정을 수료했다. 간삼건축, 공간건축을 거쳐 현재 디에이건축에서 디
자인그룹 본부장으로 재직하고 있다. 현상설계 및 민간 공모 등 경쟁 프로젝
트를 주로 진행하고 있으며, 대표작으로는 동작구 종합행정타운, 복정역세권
스마트 입체복합도시 마스터플랜, 제주 헬스케어타운 등이 있다. 건축과 도
시를 연계하여 개인과 사회 모두에게 기여하는 공간과 환경에 관심이 있다.

융합과 입체적 사고의 건축

대학에 진학하면서 자연스럽게 건축공학과를 선택하게 된 건 수학과 물리 그리고 미술, 좋아하는 과목을 단순히 더한 결과일까. 지금 생각해 보면 길이와 면적에서 시작해 황금비와 아치를 만들어 내는 수학(數學)과 물질의 성질과 현상, 그 관계를 다루는 물리학(物理學), 그리고 이를 결합해 하나의 형태로 빚어내는 미학(美學)의 총체적 결과가 바로 건축이 아닌가 싶기도 하다.

입학하고 얼마 지나지 않아서는 평면도와 입·단면도를 보고 실내 공간을 그려 내는 수업을 한 적이 있었는데, 건축물의 사진과 내가 한 스케치가 일치하는 것이 신기하고 재미있었다.

건축가는 보통 사람보다는 2D를 3D로 또는 반대로 상상할 수 있는 다차원적 사고가 조금 쉽다고 하던데, 의사가 X-레이나 MRI를 판독하고 인체를 입체적으로 인지하면서 수술하는 예도 그렇고, 영화감독이 글로 써진 시나리오를 그림인 콘티로, 다시 영상으로 연출해 내는 방식도 같다고 생각한다.

좋아하는 것들을 하나로 합치는 융합의 방식으로 선택하고 상상력을 통한 입체적 사고로 접근하는 건축은 다행히 나에게 잘 맞아서 수업을 듣거나 작업을 하는 데 특별한 어려움은 없었다.

새로 접하는 모든 것들은 흥미로웠고 나는 다시 어린아이가 된 것처럼 책을 읽는 방법부터 영화와 음악, 예술을 즐기는 법, 그리고 술도 배웠다. 학과 내 스터디 모임에서 동기, 선후배와 함께 공부하고 공모전을 준비했고 남들이 하길래 의장기사(현재는 실내건축 산업기사)와 건축기사 자격증을 땄다.

졸업 후의 진로도 역시나 당연하고 자연스럽게 건축설계를 하는 것으로 정했는데, 생각해 보니 사실은 정한 적도 없었다. 그저 커리큘럼에 따라 졸업 작품전을 마치고 포트폴리오를 만들었고, 첫 번째 면접을 본 설계사무소에 입사하면서 무식하니까 용감하게 나는 필드에 들어섰다.

덕업일치, 재미가 밥 먹여 줍니다

건축이란 알다시피 의식주를 담는 삶의 기본 틀이다. 단지 집이 아니라 의(衣)와 식(食)이 담기는 생활 그 자체이다. 그래서 나는 삶과 관련된 모든 부분에 대하여 남보다는 조금 더 날을 세우고 세심하게 보고자 한다.

가장 어려운 일은 늘 새로움을 찾는 일이다. 임대와 분양을 주로 하는 시행사, 건설사들은 나에게 항상 '세상에 없는 것'을 만들어 달라고 요구한다. '최·최·차'라고 매번 최초, 최고, 차별화를 해내야 하는 어려움이라니. 새로움을 만들어 내기 위해 우리는 책을 읽고, 유튜브를 검색하고, 미술관과 전시회에 간다. 개봉한 영화도 TV 예능도 빠뜨리면 안 된다. 모든 것이 시대를 드러내는 트렌드이고 이를 읽어 내고 해석해서 창조적으로 브랜딩해 내는 것이 내가 하는 일이기 때문이다.

일을 하면서 가장 즐거운 시간이라면, 나는 사이트 답사와 사례 답사를 꼽는다. 사이트 답사는 설계의 시작 단계로서 아직 아무것도 없는 땅 위에 다양한 가능성을 대입해 볼 수 있는 열려 있는 시기이고 조금은 설레는 시간이기도 하다. 과거의 대가들은 이 땅에는 이것이라며 첫눈에 떠오른 이미지를 일필휘지 그렸다지만 대가가 아닌 요즘의 우리는 여러 가지 대안을 만들고 건축주와 함께 의논하며 결정해 나간다.

사례 답사는 이왕이면 업무 시설이나 병원보다는 호텔과 휴양리조트가 더 좋겠지. 같은 공간을 여러 이용자의 시각으로 바꾸어 가며 살펴본다. 나는 소비자였다가 판매자가 되기도 하고 학생과 교사, 선수와 관람객이 되기도 한다. 병원에서는 의사와 환자의 관점에서 환경을 고려해 보고, 법원에서는 판사와 죄수, 직원과 방청객의 동선을 구분해 낸다.

무엇보다 사례 답사는 단순하게 구경하는 것이 아니라 직접 이용하고 느끼는 것이 중요하다. 스파 시설을 둘러보기만 해서 어떻게 서비스를 이해하고 개선점을 도출할 수 있겠는가? 공간의 크기와 동선, 가구의 배치와 조명, 때로는 음악과 향기까지, 체험과 경험을 통해서 특화 아이디어를 얻을 수 있다.

BTS의 음악 뮤지엄인 하이브 인사이트에서 내가 지나치게 즐거워 보일 수 있지만, 새로 오픈한 여의도 현대백화점 더현대 서울에서 와인을 마시거나, 드라마 펜트하우스에서 로건 리의 숙소로 나오는 페어몬트 앰배서더 서울에 하루를 묵어 보는 것은 모두 업무의 일환이다.

사실 노는 데는 진심인 편이라서 이런 걸 덕업일치라고 하는 건가 싶지만, 실제로 전체 업무 중에 이런 즐거움은 아주 적은 비율을 차지한다. 그보다는 반대로 트렌드 분석과 답사의 일상화랄까? 평소에도 다양한 문화와 현상에 관심을 가지면서 우리는 결국 생활 속에서 '보편성을 가지는 특별함'을 찾아낸다.

맨해튼에서 일 년 살기

해외 프로젝트들이 늘어나면서 보고서나 도면을 영어로 작성하고 미팅이나 출장 가는 일도 많아졌다. 자연스럽게 외국에 관한 관심을 키우고 있을 때, 마침 회사에서 시작한 해외 연수 프로그램에 지원해서 뉴욕하고도 무려 맨해튼에서 일 년간 지내게 되었다.

매일 보는 뉴스에서 세계의 중심처럼 보였던 뉴욕은 생각대로였고 또 생각과 달랐다. 브로드웨이와 링컨센터, 메트로폴리탄 뮤지엄과 MoMA에서는 일 년 내내 국제적으로 이름난 공연과 전시, 이벤트가 넘쳐났다. 그런가 하면 고양이만 한 쥐가 돌아다니는 냄새 나는 지하철과 지하에서는 먹통이 되곤 하는 핸드폰에도 익숙해지면서 어느새 나는 관광객이 아니라 뉴요커인 척 빨간불에도 길을 건넜다.

연수 기간에는 Gluckman Mayner Archtects(지금은 Gluckman Tang으로 바뀌었다)에서 일했다. 리처드 글럭만이 대표 건축가로 록폰기힐의 모리아트센터, 휘트니뮤지엄, 가고시안 갤러리, 말라가 피카소 뮤지엄 등 미술관과 갤러리를 주로 설계하는 사무실이다. 지금은 파트너가 된 중국계 미국인 데이나 탱은 메트로폴리탄 미술관에 탱 갤러리가 따로 있을 정도로 유명한 집안으로, 당시에 중국 저장대학교의 미술관 설계를 진행하고 있었는데 나는 여기에 참여하게 되었다.

한국과 비교하면 상당히 느린 속도로 계획 및 기본설계가 진행되었다. 간단한 업무적 소통에는 크게 문제가 없었지만 좀 더 책임 있는 일을 하는데는 언어적인 한계를 느끼기도 했다. 중국 항저우에 있는 저장대학교 미술관은 십 년 후인 2019년 준공되었다.

: 2008 The American National Design Awards

GMA에서 많이 배려해 줘서 함께 어울리며 여러 가지를 경험할 수 있었다. 스키 트립도 가고 리처드의 롱아일랜드 별장에도 놀러 갔다. 한국에서는 설계사무소끼리 아키 리그 같은 이름으로 축구나 야구 경기를 하던데, 뉴욕에서는 Architect's Regata라는 요트 대회를 했다. 우리는 바지선 위에서 샴페인을 마시며 무동력 요트로 반환점을 돌아오는 팀을 응원했다.

또 아카데미 시상식처럼 진행되는 내셔널 디자인 어워드에 초대받아 참석하기도 했다. 남자 직원도 정장을 차려입고 여자 직원들은 어깨가 드러나는 드레스를 입었는데, 사전 정보가 없었던 나는 혼자서 많이 따뜻하게 입고 갔던 기억이 난다. 책과 작품을 통해 보던 리차드 마이어의 백발을 직접 보는 것이 신기했고, 한국에서도 연말이면 열리는 연예 대상처럼 건축, 조경뿐 아니라 패션, 상품 등 분야를 총망라해 올해의 디자인상을 수상하고 소감을 나누는 디자이너들의 축제가 부럽기도 했다.

뉴욕에 있는 동안 시카고, 시애틀, 필라델피아, LA, 라스베이거스 등 미국 내 각 도시뿐 아니라 영국, 브라질, 이탈리아, 스페인을 여행할 수 있었다. 나에게는 졸업 후 처음 갖는 특별한 시간이라서 가능한 한 많이 보고 경험하고자 했고, 컬럼비아대학의 대학원 과정에 지원해서 입학 허가도 받았다.

그리고 1년 만에 다시 한국으로 돌아왔다. 그곳에 남았다면 현재는 또 달라졌겠지. 그러나 적어도 예전처럼 막연하게 동경할 필요가 없어졌고, 나의 선택으로 모든 것이 가능하다는 것을 확인하는 계기가 되었다.

적도기니, 위험한 출장

해외사업부 임원과 담당 소장이 서로 해외 출장을 미루고 있었다. 당시에는 사례 답사가 아닌 이상 대부분 우리의 출장지는 동남아시아 아니면 중동이나 아프리카였다. 급한 대로 실무자인 나까지 세 명의 입국 비자를 우선 받기로 했다.

하지만 나중에 알고 보니, 대사관이 있는 중국에는 내 여권만 보낸 것이었다. 내 영어 실력이 회사를 대표하기에 턱없이 부족하다고 하소연도 해보았으나 회사에서는 그들도 모국어가 아니니 상관없다고 밀어붙였다. 이번 출장은 파리를 거쳐 사하라사막 위로 7시간을 더 가야 하는 멀고도

험한 길, 대통령 영빈 시설 설계를 위한 적도기니공화국(Equatorial Guinea) 방문 일정이었다.

적도기니는 1968년 스페인의 식민지에서 독립하였고, 초대 대통령이었던 삼촌을 처형하고 쿠데타로 정권을 장악한 테오도로 오비앙 응게마 음바소고가 지금도 기록을 경신하면서 42년째 장기 집권 중이다. 1996년 석유가 발견되면서 사하라사막 이남에서 세 번째로 많은 산유국이 되었지만 모

: 2009 Mongomo Leader's Club, Equatorial Guinea

든 부는 집권층에 집중되어 여전히 세계적인 빈곤국 중의 하나이다.

건설사 직원 두 명과 함께 지방의 버스터미널같이 작은 말라보 공항에 내렸다. 더운 열기와 검은 피부의 낯선 사람들에 둘러싸인 검색대에서는 속옷까지 들추어 가며 소지품 검사를 했다. 마중을 나오기로 한 정부 인사는 연락이 되지 않았고, 택시도 없어서 호텔의 리무진을 불러 겨우 이동했다. 대통령궁 앞에는 탱크와 무장군인이 진을 치고 있었고, 현지에서는 신용카드가 되지 않아서 우리는 가지고 간 달러를 세어 가며 불안하게 기다리는 수밖에 없었다.

주말이 지나고 도착한 지 3일 만에 연락이 왔다. 다행인지 스페인어를 사용하는 대통령 대신 영어가 통하는 경제수석에게 보고하게 되었다. 무수히 연습한 제안서를 브리핑하고 OR(Owner's Requirement)을 확인하기 위해 질의응답을 진행했다.

"영빈 시설의 이용 대상자는 외국의 국가원수 또는 외교관인가?"

"아니다, 가족과 친구가 사용한다."

"응? 여기 300인을 수용하는 컨벤션과 200인을 수용하는 극장과 100인을 수용하는 나이트클럽이 있는데?"

역시 가족들이 사용할 거라면서 웃는다. 알고 보니 일부다처제인 적도기니의 대통령에게는 열 명의 아내가 있는데, 각각 열 명의 자식들이 있고 그들에게 또 열 명의 아이들이 있고, 이런 식이다. 대가족을 위한 대통령 영빈관 설계, 이제 계획의 목표가 확인되었다.

수도인 말라보를 돌아보고, 아프리카 내륙에 있는 현장이자 대통령의 고향인 몽고모에 다녀오기로 했다. 갈 때는 15인 정도 탈 수 있는 쌍발 비행기에 세 명이 탔다. 기류를 따라 동체가 롤러코스터처럼 오르내린다. 다행이다. 나는 놀이기구를 꽤 잘 타는 편이니 말이다.

현장 조사를 마치고 다시 복귀해야 하는데 대통령의 말을 실으러 오는 비행기에 데려간다고 하더니, 말만 데려가고 우리는 남겨졌다. 기다리다 지쳐 결국 말라보로 돌아가는 비행기를 타기 위해 차로 서너 시간이 걸리는 해안 도시 바타까지 이동하기로 했다. 운전사가 조수석에 여자 친구를 태우는 바람에 덩치가 있는 우리 세 명은 뒷좌석에 구겨 탔다. 발밑에는 장총이 놓여 있었다. 밀림을 뚫고 수없이 많은 경비 초소를 지나 해안가에 도착했고, 군인들에 섞여 군용 비행기에 올랐다.

그렇게 무사하게 일정을 마치고 귀국했다. 그게 끝인 줄 알았지만, 이후로도 나는 최종 계획안 보고를 위해 한 번 더 적도기니를 방문했다. 머나먼 서아프리카의 무시무시한 독재정권이 통치하는 공화국에 두 번이나 가게 되다니, 다시 가라면 과연 갈 수 있을까 지금도 망설여지는, 조금 위험한 해외 출장이었다.

다시 도전하는 것이 힘이다

현상설계에서 당선된 동작구 종합행정타운이 실시 설계를 마치고 공사를 준비하고 있다. 위치는 장승배기 영도시장이 있던 자리이다. 장승배기라는 지명은 전국 장승의 우두머리인 대방 장승이 서 있는 마을이라는 뜻에서 유래된 것으로 예로부터 교통의 요충지로 여겨져 왔다. 영도시장은 1968년 이래 지역 주민의 생활을 책임지는 삶의 터전이었으나 원주민의 이주와 대형 유통 상권의 성행으로 점차 활력을 잃었다. 사이트 답사할 때

: 2017 동작구 종합행정타운 현상설계 당선작

시장 내 맛집이라는 영도분식의 잡채 떡볶이와 김밥을 먹었다.

　과거의 청사는 권위적인 광장과 기념비적인 조형을 추구했지만, 우리는 길과 마당을 가진 도시 연결체로서의 공공건축을 제안했다. 주변 건물을 닮은 작은 매스를 쌓아서 청사를 구성했고 도시의 골목을 연장해서 사람이 모이는 공간을 만들었다. 동작구청은 국내에서 최초로 도시계획 시설인 공공청사와 비도시계획 시설인 상업시설을 결합했다. 새로 생기는 동작구청사가 과거 영도시장을 대신해 창의적인 도시공동체 역할을 해내기를 기대한다. 영도분식이 다시 그 골목에 자리 잡고 장소를 기억하는 사람들을 맞이하기를 바란다.

　나는 아직도 매일 경쟁한다. 어제는 설계비 백억 원짜리 민간 공모 프로젝트에서 낙선했다. 현상설계나 공모의 당락에는 여러 가지 요인이 작용한다. 객관적으로 계획안 자체가 좋아서 당선될 때도 있지만 꼭 그렇지만도 않다. 심사위원의 성향이나 컨소시엄에 대한 평가, 업계의 비밀과 노하우도 있다. 그래서 당선은 늘 당연하지 않고 낙선도 그렇다.

오늘 또 팀원들의 어깨를 두드리며 시작한다. 당선시키는 것보다도 실패를 딛고 다시 시작하는 것이 훨씬 더 어렵다. 지금 어렵더라도 포기하지 않고 우리 자신을 발전시켜 나간다면 반드시 또 다른 기회를 얻을 수 있을 것이다. 성공이 아니라 다시 도전하는 것이 힘이다.

나는 운이 좋은 사람이다

나는 운이 나쁜 걸까. 돌아보면 병으로 고등학교를 자퇴했고, 재수로 대학에 들어갔고, 첫 회사는 문을 닫았고, 두 번째 회사에서는 승진에서 누락됐고, 세 번째 회사는 법정관리에 들어가서 네 번째 회사로 옮기게 되었다.

하지만 한편으로 검정고시로 고등학교를 나이보다 빨리 졸업했고, 장학금을 받고 대학에 입학했으며, 건축사 자격시험을 한 번에 합격했다. 뉴욕에서 인턴십을 했고 컬럼비아 대학의 입학 허가도 받았다. 귀국 후에는 도시 분야에서 석사 과정을 마치고 박사 과정을 수료했다.

다시 생각해 보면 나누어 기술했을 뿐, 불운과 행운은 따로 있지 않다. 불운은 매번 또 다른 기회가 되었고, 그렇다고 행운만 계속되지도 않았다. 하지만 무엇보다 지속된 가장 큰 나의 행운은 사람이었다.

첫 회사가 문을 닫았을 때 대학 동기의 소개로 명성 있는 두 번째 회사로 이직할 수 있었고, 당연하게 생각했던 진급이 되지 않아서 고민하고 있을 때는 열심히 일하는 모습을 좋게 보았던 선배의 부름으로 전통 있는 사무실에 더 좋은 조건으로 가게 되었다. 해외 프로젝트를 수행하면서 부족함을 느낄 때는 한국과 미국에 있던 친구들의 도움으로 해외연수 프로그램의 적격자로 선정될 수 있었고, 대학원 동기의 추천으로 지금의 회사에 자리를 잡게 되었다.

어려움이 있을 때마다 지인들은 흔쾌히 나에게 귀인이 되어 주었고 그렇게 이십 년이 넘는 시간 동안 좋아하는 일을 계속하고 있다. 나는 운이 좋은 사람이다. 스스로가 운이 좋은 사람이라고 믿으면 그렇게 변화가 시작된다.

"생각을 조심하라, 말이 된다.
말을 조심하라, 습관이 된다.
습관을 조심하라, 성격이 된다.
성격을 조심하라, 운명이 된다.
우리가 생각하는 대로, 우리는 실현된다."

마거릿 대처 전 영국 총리의 말이다. 생각이 말이 되고, 습관이 되고, 성격이 되고, 마침내 운명이 된다는 뜻이다. 우리 모두 각자의 자리에서 열심히 즐거이 일하다 보면 결국 우리는 우리가 생각하는 대로 실현될 것이다. 나와 여러분의 행운을 빈다.

part 2

변화

새로운 길을 찾아

두려움을 극복하고 만난

더 넓은 세상

김윤희

유럽 자유전자레이저(European X-ray Free-electron Laser)
박사후연구원

한양대학교 생명과학과에서 학사 학위, 광주과학기술원 광공학물리학부에서 석사 학위, 그리고 신소재공학부에서 박사 학위를 취득하였다. 박사 과정 중 일본의 RIKEN Spring-8 Center에서 두 달간 파견 연구를 하였다. 2017년부터 현재까지 독일 함부르크 근교에 위치한 유럽 X-선 자유전자 레이저(European XFEL)에서 박사후 과정으로 일하고 있다. 대학원에서 고출력 X-선을 이용한 결맞음 회절 이미징 실험을 통해 바이오 및 금속 나노재료를 고분해능으로 이미징하는 일을 주로 하였고, 현재는 단백질 구조결정학 및 단일 입자 이미징 실험 지원, 이미징 시뮬레이션 및 데이터 분석, 그리고 시료 분사 방법에 관한 연구를 하고 있다. 전공 분야를 전환했던 경험을 비슷한 고민을 하는 사람들을 위해 나누고 싶다.

생명과학과 출신의 물리/신소재공학과 대학원생

나는 생물 과목을 좋아하는 생명과학과의 학부생이었다. 그런데 지금은 X-선 자유전자 레이저라는 생명과학 분야와는 상관없어 보이는 거대 X-선 연구시설에서 일하고 있다. 그동안 나에게 어떤 일이 있었던 걸까?

학창 시절 꿈에서 흰 가운을 입은 연구원이 된 내 모습을 본 적이 있다. 연구원이 어떤 일을 하는지도 잘 알지 못한 채 막연히 연구하는 사람이 되고 싶다는 생각을 했던 게 아마도 그때 즈음부터였던 것 같다. 내가 관심 있었던 생명과학과에 진학하여 학부연구생으로 잠깐이나마 실험실 생활을 하고 실험한 내용을 토대로 한 졸업논문을 준비하며 연구는 어떤 것인지 느끼고 연구에 임할 때의 마음가짐, 사소하지만 중요한 것들을 익히게 되었던 것 같다.

졸업을 1년 앞두고 타 학교 대학원에서 인턴십을 할 기회가 있었다. 전국 각지에서 온 인턴 동기들과 다양한 이야기를 나누었었는데, 이때 내가 배워 왔던 것들이 전혀 다른 분야라고 생각했던 곳에서도 쓰일 수 있겠다는 생각을 하게 되었다. 그리고 마침 다양한 분야의 학생들을 모집하는 대학원들이 생기고 있었고, 지금까지 공부했던 생물 분야를 접목시킬 수 있는 다른 분야의 일을 해 보고 싶다는 어찌 보면 막연한 생각을 가지고 그중 한 곳으로 진학하게 되었다.

대학원에서는 X-선을 이용한 물질의 미세구조 연구를 주로 하는 실험실에 들어가게 되었다. 생명과학 전공자에게 참으로 생소하게 들리는 이 연구실은 이제 막 생물 분야를 접목시키려던 참이었고, 나는 바이오 시료를 준비하여 X-선 이미징 방법을 통해 연구하는 것을 중점적으로 하기로 했다.

대학원에서는 이전까지 공부하던 것과는 다른 분야의 수업을 듣고 공부를 해야 했기에 처음에는 어려움이 정말 많았다. 개념조차 모르던 것도 많았고, 같은 단어인데 생물 분야와 전혀 다른 의미를 가지는 것들도 꽤 되어서 다른 의미로 이해하거나 맥락 없는 전개에 궁금증만 늘어 가다가 나중에야 알게 되는 경우도 많았다. 백지상태였던 새로운 전공 공부를 따라잡는 것이 쉽지만은 않았다. 하지만 차근차근 하다 보니 새로운 것을 알아가는 기쁨도 있었다.

대학원에서 하게 된 분야에 대해 잠시 언급하자면, X-선 관련된 것들은 물리를 잘 알아야 했고 이미징에 사용되는 알고리즘을 짜기 위해 수학과 프로그래밍도 할 수 있어야 했다. 학부 과정 중 그와 관련된 과목은 딱 두 과목 들었던 것이 전부라 적잖이 어려움과 당황스러움을 겪었었다.

그나마 다행이었던 것은 대학교 1학년때 이학/공학계열 교양필수로 'C-언어의 이해'라는 수업을 들은 적이 있었다는 것이었다. 그 당시에는 생명과학 전공인 내게 프로그래밍은 너무나도 동떨어진 분야였고 시간 낭비라는 생각이 가득했었는데 지금 내가 하고 있는 일과 가장 관련이 많은 과목이 바로 이 C-언어 개론 과목이다. 인생은 한 치 앞을 알 수 없다던가. 지금 내가 하고 있는 일을 생각하면, 그때 내 섣부른 판단에 이 과목을 경시했었다면 큰 기회를 놓친 것이었으리라.

X-선을 이용한 이미징에도 여러 방법이 있는데 석사 과정 동안에는 다양한 방법으로 시편을 준비하여 목적에 맞는 다양한 방법의 X-선 이미징 실험을 했었다. 이를 토대로 박사 과정에 진학하면서는 그중 내가 제일 잘할 수 있을 것이라 생각했던 결맞음 X-선 회절 이미징이라는 분야를 더 깊이 있게 공부하게 되었다.

새로운 분야에 도전하면서 걱정이 앞섰지만 뜻이 있는 곳에 길이 있다고 했던가! 학과의 다른 교수님, 선후배들의 도움으로 한 치 앞도 안 보이던 앞길이 조금씩 보이기 시작했고, 그 덕에 이 생소하기만 했던 분야에서 박사 과정까지 하게 되었다.

내가 하는 결맞음 X-선 회절 이미징은 국내에서 시작된 지 얼마 되지 않은 실험 방법이었다. 이 실험은 방사광 가속기라는 실험 시설에서 수행할 수 있는데, 국내에서는 이 분야의 역사가 짧아 아직 인프라가 안정적으로 구축되어 있지 않았었다. 실험을 위해 인프라 구축의 단계부터 하다 보니 시간도 많이 걸리고 시행착오도 잦았으며 안정적인 실험 설비가 갖추어진 해외로의 출장도 잦았다.

하지만 그 과정에서 배울 수 있는 것은 많았다. 경험이 많은 해외의 다른 연구진들에게 배울 수도 있었고, 희소하기에 갖는 가치가 있었다. 논문 실적은 그리 좋지 않았지만 그렇게 정량화할 수 없는 것들을 많이 배웠다. 그리고 학부 수준의 지식만으로는 쉽지 않았던 바이오 시료의 준비는 물리/재료 전문가이던 소속 실험실 교수님이나 선배님들로부터는 배울 수가 없어 생물 분야를 연구하는 다른 교수님들과 선배들을 찾아다니며 배우고 실험이 가능한 다른 랩에서 밤낮을 지새워 가며 준비할 수 있었다.

결맞음 X-선 회절 이미징이라는 실험을 위해 해 왔던 인프라 구축 및 테스트, 시편 준비, 어디 이민 가나 싶을 정도로 많은 양의 짐을 가지고 다니며 해외 출장을 다녔던 것들의 진가는 박사후 과정을 지원할 때 드러났다. 연구의 성과 지표라고 할 수 있는 정량화 가능한 논문 실적은 부족한 편이라고 생각했었는데, 박사 과정 동안 해 왔던 실적만으로는 드러나지 않는 일들을 인정받아 관심 있었던 그룹으로부터 모두 입사 제안을 받았기 때문이다.

과학과 기술이 발전할수록 다양성을 필요로 한다!

지금 일하고 있는 European XFEL은 약 10년의 준비 끝에 2017년부터 X-선 실험을 할 수 있도록 가동되고 있는 거대 X-선 연구 시설이다. 기존의 방사광가속기에서 수 시간 동안 해야 할 실험을 1초도 안 되는 시간에 할 수 있을 만큼 강한 X-선을 생성하는데, 실험 시간을 획기적으로 단축시킬 뿐만 아니라 시간분해 실험으로 물질들의 동역학을 연구할 수 있는 등 이전까지는 불가능했던 실험을 가능케 하고 있다.

전 세계에서 이 X-선을 이용해 실험을 하고자 하는 이용자들이 실험제안서를 제출하면 우리 연구소에서 가능한 실험, 과학적 의미가 있는 실험들을 추려 빔타임을 할당해 준다. 그러면 이용자들은 실험하고자 하는 샘플을 준비하는 한편, 우리는 그 실험이 가능하도록 준비하고 실험 기간 동안 측정하는 일을 한다.

우리 연구소와 같은 시설은 앞서 이야기한 장점이 있지만, 그를 잘 활용하기 위한 지속적인 추가 연구가 필요하다. 강한 X-선에 의해 시편이 쉽게 파괴되는데 이에 지속적으로 시편을 공급하는 방법, 디텍터의 측정 속도를 더 빨리 하기 위한 지속적인 연구, 하루 만에 테라바이트 이상 생성되는 고용량 데이터를 안정적으로 저장·보관·이용하기 위한 시스템 등을 마련하고 계속에서 향상시키는 것이 필요하다.

내가 일하고 있는 그룹에서는 단백질 구조결정학과 결맞음 X-선 회절

: European XFEL의 SPB/SFX 빔라인에서 일하는 모습

이미징 방법을 이용한 단일 입자 이미징을 주로 하고 있는데, 이용자 지원과 더불어 우리 빔라인의 X-선과 실험 기구를 이용해서 어느 정도의 분해능을 얻는 것이 가능한지 시뮬레이션을 하기도 하고 직접 실험하기도 한다. 그렇기에 정말 다양한 분야의 사람들을 필요로 하고 그 분야들을 두루두루 잘 아는 매개자도 필요하다. 이 분야뿐만 아니라 과학과 기술이 진보할수록 다양한 분야의 사람들의 협력이 필요하다. 다양한 분야에서의 경험이 이런 환경에서 장점이 된다.

새로운 분야에 대한 두려움이 있다면...

대학원에 진학하면서였으니 나는 비교적 연구 생활의 초기에 다른 분야로 가지를 튼 경우이다. 하지만 커리어상의 어느 단계에서든 원한다면 다른 분야에 도전할 수 있다고 생각한다. 요즘은 각종 온라인 공개수업 (MOOC: Massive Open Online Course)이 활성화되어 있고 간단한 동영상 검색으로도 원하는 분야에 대해 알 수 있다. 또 SNS에서 활동하는 전문가를 팔로우하며 동향을 따라갈 수도 있다. 이렇게 커리어의 범위를 다양화해 가며 가지게 되는 희소성을 자신만의 강점으로 만들 수 있다.

최신기술이 끊임없이 등장하고 있지만 대부분은 기존의 과학/기술과 어떤 식으로든 연관되어 있기 마련이기 때문에 맨땅에 헤딩하는 것이 아니라 기존에 해 오던 일을 확장하는 방식으로 얼마든지 커리어를 넓힐 수 있다고 생각한다. 현재 나는 결맞음 X-선 이미징 실험과 더불어 관련된 시뮬레이션도 하고 시편 공급 방식에 대한 연구도 하면서 기존에 하던 것에 곁가지를 쳐 가고 있다. 어차피 연구란 새로운 것을 밝혀내는 일이 아니던가. 다양한 분야를 접목하면 새로운 것은 훨씬 많아진다!

새로운 분야에 대한 시도를 망설이는 이유는 대개 익숙하지 않고 잘 모르기 때문에 겪게 될 힘든 시기, 그리고 선험자가 없기에 스스로 내 길을 개척해 나가야 하고 그 끝에 있을 미래가 쉽게 그려지지 않는다는 두려움이 아닐까 생각한다. 사실 나에겐 내가 하는 모든 일이 힘들고 어려웠다. 아무리 쉬워 보이는 일일지라도 내 일이 되면 어렵고 힘들었던 것 같다.

뒤돌아 생각해 보면 별것 아닌 것처럼 느껴지지만 매 시기마다 고민들과 두려움이 있었는데, 내가 더 익숙하고 안정감을 느꼈던 선택을 했을 때조차도 종류는 다를지라도 비슷한 크기의 고민과 두려움이 있었다. 어느 길을 선택하더라도 체감하는 어려움은 비슷할 것이라고 생각하면 새로운 분야에 도전하기가 좀 더 쉽게 느껴질지도 모르겠다. 혹시 모른다. 나에겐 기존의 커리어에서 새로운 분야로의 도전이 전혀 새로운 것이지만 이미 비슷한 길을 걸어간 사람이 있을지도.

내가 앞서 생명과학과 전혀 상관없어 보이는 연구소라고 했던가? 사실 알고 보니 생명과학 분야에서도 X-선을 이용한 연구는 오래전부터 중요한 분야였다. X-선을 이용하여 DNA가 이중나선 구조임을 밝혀 생명과학 분야의 패러다임의 변화를 불러왔고, 여러 단백질의 구조를 밝혀 합성 인슐린의 제작을 시작으로 많은 신약 개발에 필수적인 역할을 해 왔던 것이다. 다만 그 수가 소재/물리연구들에 비해 적고 내가 잘 모르고 있었을 뿐이었다.

기회는 열린 마음을 가지고 찾아온다

나는 아직도 진로를 탐색하고 있는 박사후 연구원의 신분이다. 누군가에게는 원하는 미래에 한 발짝 더 다가가 있는 경험 많은 사람일 수도 있겠지만, 한편으로는 아직 앞길이 구만 리인 불안정한 위치의 연구자이기도 하다. 그럼에도 불구하고 낯선 분야에 도전했던 나의 경험이 비슷한 고민을 하고 있는 다른 분들께 조금이나마 도움과 위로가 되면 좋겠다.

대학생 때에도 대학원생 때에도 졸업 후 나의 인생은 쭉 같을 것만 같았다. 그래서 지금 이 시기에 무언가를 하지 못하면 내 인생 앞길도 막혀 버리는 것은 아닌가 하는 불안감이 있었다. 그런데 막상 겪어 보니 생각보다 자주 선택의 기회가 찾아오는 것 같다. 그것도 활짝 열린 마음을 가지고. 혹시 그런 기회가 찾아오면 긍정적인 방법으로 생각해 보시길 권한다. 그런 기회를 만들어 가는 것도 좋을 것 같다.

정해지지 않아서

가능성이 무한한 줄기세포처럼

문지숙

차의과학대학교 부교수

◆

연세대에서 심리학 학사를 마치고 미국 코넬(cornell)대학교에서 생물 통계학 석사 신경과학 전공으로 박사 과정을 이수하였다. 학위 과정을 마치고 하버드 의대에서 post doc을 하며 경험을 쌓았고 2009년도에 한국으로 돌아와 차의과학대학교 생명과학대 부교수로 있다. 석박사 과정 학생들을 지도하며 랩을 꾸려 나가고 있고, 현재 노화 및 줄기세포 치료제 개발과 관련하여 실험적 검증뿐만 아니라 바이오 빅데이터를 이용한 생물정보학적 방법을 활용하여 다각적인 방면으로 연구를 진행하고 있다.

변화를 두려워하면서도 즐기다! 문과생에서 이과생으로 대전환

고등학교 때 입시에서 전기를 떨어지고 친구와 후기 진학에서 아무 생각 없이 독어독문과를 지원한 것이 덜컥 합격이 되었다. 독어는 해 본 적이 없는데 이를 어쩌나. 공부보다는 학교 방송국 생활을 더 열심히 했던 것 같다. 그냥 바쁘게만 보냈던 시절, 무엇을 하든지 도대체 행복하지 않았다.

나 자신을 포함한 인간에 대한 이해가 궁금했던 나에게 당시 읽었던 심리학 책들이 내 머리를 가득 채웠다. 에리히 프롬의 『자유로부터의 도피(Escape from the Freedom)』는 가장 인상 깊었던 책 중에 하나이다. 자유를 갈망하지만 엄마 배 속에서 나오는 순간 두려움에 떠는 인간의 심리를 참 잘 설명해 주고 있다. 선택의 자유, 행동의 자유 등 여러 종류의 자유에는 늘 책임이 따른다. 무엇을 선택하든 과정에서 즐거웠고 행복하다면 그리고 노력의 결과물이 누군가에게도 도움이 되는 것이라면 죽을 때까지 집중해서 투자할 만하다는 생각을 했던 것 같다.

여러 질풍노도의 시기를 겪으며 심리학으로 전공을 바꾸게 되었다. 처음으로 나 자신이 무엇을 하고 싶은지, 어떻게 해야 행복한지에 대해 고민을 해 본 시기였던 것 같다. 신경과학을 공부하면서 한 가지 알게 된 사실은 뇌는 바뀔 수 있다는 것이다. 신경가소성으로 공부한 만큼 경험한 만큼 똑똑해질 수 있다는 것이다. 나도 노력하면 될 수 있겠다는 자신감이 생겼다. 그렇게도 스스로 의심이 많았던 나에겐 참 고마운 연구 결과들이었다.

심리학의 여러 과목들을 공부하면서 조금 더 과학적으로 뇌를 이해하고 싶어서 미국 코넬대에서 뇌과학과 후성유전체, 생물통계학을 전공했다. 쉽지 않은 시기였다. 지도 교수가 심리학과에는 대학원생 자리가 없어서 Division of Nutrition으로 지원을 하게 했는데, 이 학과에서 나를 믿어주지 않았다. 그도 그럴 것이 학부성적표 어디에서 Science 과목을 들은 기록이 없다. 조건부 합격을 받았는데, 합격중에 당신이 과학 과목에 성공할 수 있는 어떤 증거도 학부 성적에 찾아볼 수 없으니 대학원 들어오기 전에 Organic Chemistry에서 B+ 이상 학교에 들어와서 한 학기 동안 Bio Chemistry에서 B+ 이상의 성적을 받는다면 최종 합격을 해 주겠다는 내용이 들어 있다.

세상에 이런 합격증도 있구나 싶었다. 그래도 감사했다. 일단 떨어지지는 않았기 때문이다. 새로운 것을 시작하는 것에 두려움이 매우 큰 성격이라 걱정을 너무 많이 한 탓인지 태어나서 처음으로 일주일 동안 아팠던 것 같다. 살면서 이렇게 아팠던 적이 있었나 싶다. 어릴 때부터 다양한 운동을 해 왔던 나는 체력 하나는 좋은 편이라 감기도 잘 안 걸렸던 터라 당시엔 몸이 아픈 것이 당혹스러웠다.

중간고사 때 점수가 89점으로 아주 불안한 점수였다. 만약 기말을 못 보면 B+이 안 될 수도 있었다. 기말고사 준비를 중간고사 마치고부터 했던 것 같다. 정말 책을 구석구석 달달 외우고 이해가 되지 않는 부분은 하루도 빠짐없이 화학과 조교를 찾아가 물어봤다. 참 고맙게도 한 번도 귀찮아하지 않고 웃는 얼굴로 나를 반기며 설명해 줬다.

놀랍게도 200명 넘는 수강생 중에 내가 1등을 했다. 교수님이 1등 점수와 꼴등 점수를 칠판에 적어 주셨는데 1등 점수가 내 점수였다. 이후 대학원의 삶은 정말 지옥 같았다. 언어 장벽도 문제이지만 매주 새로운 과목들 시험에 실험까지, 제정신인 적이 거의 없었던 것 같다. 그 당시 지옥 같던 생활, 실수 만발이었던 경험들은 아마 책 한 권으로도 모자랄 듯하다.

지금 와서 생각해 보니 그때의 내가 대견하다. 두려웠지만 두려운 것에 집중하지 않고 묵묵히 하고 싶은 것을 했던 것에 감사하다. 누구에게나 새로운 것에 도전하는 것에 대한 두려움이 존재한다. 하고 싶은 의지가 강하다면 두려움에 집중하지 말고 그냥 모르는 척 두려운 감정을 놔두자. 그리고 부족하지만 한 걸음 한 걸음 나아가 보자. 이 한 걸음 한 걸음이 작은 성공 경험이 되어 당신을 더 믿게 되고 의지하게 되며 사랑하게 되어 당신의 정신과 몸을 더 건강하게 해 줄 것이다.

줄기세포와의 운명적 만남

뇌를 실험적으로 유전학적으로 이해하고 뇌에 일어나는 문제들을 공부하다 보니 뇌질환 치료 방법은 없을까란 고민이 되었다. 박사 때부터 치매 치료제에 대한 연구에 집중했다. 이어서 박사후 과정으로 하버드 의대에서 줄기세포를 이용한 뇌질환 치료제 개발 연구를 수행했다. 이때가 줄기세포와의 첫 만남인 셈이다.

당시에 주로 마우스(생쥐)의 배아줄기세포를 신경세포로 분화시켜 파킨슨 쥐의 뇌에 이식하여 치료 효과를 보는 실험을 했다. 정상 쥐와는 다르게 뇌질환이 있는 쥐는 움직임도 더디고 힘이 없다. 줄기세포를 뇌에 이식하고 힘없이 누워 있는 쥐들이 한없이 안쓰러웠다. '내가 수술을 잘못해서 못 일어나면 어쩌지?', '혹시 뇌의 다른 부위를 찔러서 못 걸으면 어쩌지?', '세포가 잘못되어 더 아프면 어쩌지?' 등등 오만 가지 생각이 나를 힘들게 했다.

그런데 2시간 지나 마취가 깨니, 쥐들이 뛰어다녔다. 이렇게 감사할 줄이야. 정말 쥐들에게 너무 감사했다. 한 달 뒤 행동평가를 하는데 정말 소름이 돋았다. 그렇게 힘없이 축 처져 있던 쥐들이 껑충껑충 뛰며 행동평가에서 젊은 쥐들보다 좋은 성적을 내는 것이 아닌가. 이때 느꼈다. 줄기세포의 위력을….

이후 인간배아줄기세포로 실험을 했는데 쥐배아줄기세포만큼 효능은 크지 않았다. 아마도 종간 차이로 인한 면역 반응으로 인간배아줄기세포가 쥐의 뇌에서 잘 살아남지 못했던 것 같다.

이후 한국에 돌아와 차의과학대학교에서 본격적인 줄기세포 연구에 돌입했다. 지금은 차의과학대학 뇌과학 및 줄기세포지표 연구실 임상 통계 센터장 및 항노화연구소장을 맡아 융합적인 연구를 하고 있다.

무엇보다 다양한 분야를 공부하고 연구하며 적용해 온 경험은 연구의 기초부터 임상 연계(Bench to Bedside)에 이르는 모든 과정을 해 보는 데 큰 도움이 되었다. 무엇보다 전 과정에서 통계가 중요한데, 실험을 정확하게 디자인하고 이를 통계적으로 분석함으로써 보다 정확한 연구 결과를 얻을 수 있기 때문에 과학을 하는 학생들은 통계를 필수적으로 습득하길 바란다.

차병원에 둥지를 튼 나는 이곳에서 태반과 제대혈을 접하고, 본격적인 연구에 돌입했다. 특히 태반을 바로바로 공급받을 수 있는 차병원의 연구 환경은 연구에 큰 도움이 되고 있다. 태반은 하나도 버릴 것이 없는 조직으로, 10개월간 하나의 몸을 공유하는 모체와 태아라는 두 개체의 세포로 이루어져 있다고 한다. 아래쪽에서는 모체의 성체줄기세포를, 위쪽에서는 태아줄기세포를 얻을 수 있는 것이다. 일반적으로 줄기세포가 타인의 체내에 들어가면 소멸되는 것과 달리 태반세포는 살아남는다는 점 역시 태반세포의 장점이다. 태반세포의 이러한 면역 및 염증 반응은 이를 활용한 다양한 연구의 바탕이 되고 있다.

세계 최초로 인간태반줄기세포의 노인성 치매 치료 가능성 규명

치매는 뇌의 문제로 인해 발생하는 질환이다. 줄기세포를 이용한 치료의 경우 일반적으로 혈관을 통해 세포를 집어넣는 경우가 많지만, 줄기세포의 경우 뇌로 직접 투여한다. 하지만 태반세포는 신경세포가 아니기에 이러한 방법을 활용할 수 있어 태반세포 투약법을 고민하던 중 피로 투약해도 뇌로 전달이 된다는 『네이처』지의 연구 결과를 토대로 치매에 걸린 쥐에 태반세포를 주입, 그 결과를 살폈다.

결과는 성공적이었다. 치매를 유발하는 아밀로이드 단백질 형성을 억제하고, 쥐의 인지기능 역시 개선됨을 확인한 것이다. 인간태반줄기세포가 노인성 치매(알츠하이머)의 치료에 활용될 수 있음을 규명한 최초의 성과였다. 해당 연구 결과는 『Neurobiology of Aging』에 발표되었고 나아가 식약처로부터 태반줄기세포 유래 알츠하이머병 치료제인 'CB-AC-02'에 대한 임상 승인을 획득, 현재 안전성과 잠재적 치료효과를 평가하기 위한 임상실험이 진행 중이다.

이후 혈관을 통해 주입한 태반세포가 어떻게 뇌에 영향을 주는지를 밝히는 데 초점을 맞췄다. 특히 2주면 소멸되는 일반적인 줄기세포와 달리 태반세포는 12주까지 효능을 보였다는 점 역시 주목한 특이점 중 하나다. 태반세포의 주요 성분이 뇌로 전달되는 과정에서 대상의 몸 상태에 맞게 특별한 물질을 분비한다는 것과 주입된 줄기세포에서 분비되는 엑소좀에 의한 것임을 가정하고 활발히 연구 중이다. 연구를 하면서 더 깊은 가설이 생기고 검증하고 상업화까지 되는 과정이 참 매력적이고 연구를 할 수 있다는 것에 참 행복하고 감사함을 느낀다.

배아세포는 임상에 적용되기까지 거쳐야 하는 단계가 많다. 안전성 문제를 없애기 위한 고도의 분화기술 또한 필수적이다. 이러한 문제점들을 해소하고, 세포 효율을 높이는 데 집중하고 있다. 이러한 연구 결과를 토대로 태반세포의 상용화를 보다 앞당길 방법을 찾는 데 몰두하고 있다. 줄기세포의 특성상 식약처 승인까지 상당한 시간과 비용이 소요되는 까닭이다. 식약처의 승인 없이 줄기세포의 효능을 얻을 수 있는 방법을 찾아 환자들이 보다 손쉽게 줄기세포의 장점을 취할 수 있도록 돕는 것이 연구의 목표다.

바이오마커 발굴로 좀 더 건강하게 나이 들 수 있기를

또 다른 연구 줄기 중 하나는 노화 및 항노화 연구이다. 노화는 질병이나 사고가 아닌 시간의 흐름에 따라 서서히 생체 기능이 소실되어 죽음에 이르는 현상이다. 이는 암, 치매, 심장병, 당뇨병 등 여러 질환들의 근본 원인으로 지목되기도 한다. 현재 태반과 제대혈을 토대로 정상 노화(1차 노화) 과정에서 병이 발병하는(2차 노화) 메커니즘을 밝히기 위한 연구를 수행 중이다.

노화는 신체의 일부가 망가지는 것이 아니라 전체가 서서히 망가지는 병이다. 그 복잡성만큼 하나의 약물로는 치료하기 어렵다는 점이 특징이 있다. 그런 점에서 다양한 성분으로 분화하는 줄기세포는 노화로 인한 병의 치료제로 가장 적합하다고 할 수 있다.

현재 유전체학부터 대사체학까지를 통합적으로 분석하는 OMICS기법을 이용한 노화 기초연구에서 나아가 항노화와 관련한 줄기세포 연구를 진행하고 있다. 그중에서도 늙은 쥐에 제대혈 속 세포 및 혈장(젊은 피)을 주입해 효능을 살피는 전임상 노화 연구에 집중하고 있다. 젊은 핏속 효능을 보인 인자 및 엑소좀을 확인하고, 이를 추출함으로써 노화 및 항노화의 바이오마커를 발굴하고자 한다. 이는 줄기세포 효능인자를 활용한 치료제 개발로 이어질 수 있다.

현재 의료 패러다임은 치료에서 예방 중심으로 옮겨 가고 있다. 본 연구 역시 이러한 예방의학적 관점에서 이해할 수 있다. 특정 바이오마커를 토대로 1차 노화와 2차 노화 사이의 변화를 주기적으로 추적하며 환자의 상태를 추적하고, 위험성을 사전에 알림으로써 발병을 예방하는 것이다.

해당 연구 성과는 환자들의 일상생활에도 적용될 수 있다. 젊은 핏속에서 발견한 효능인자가 다량 함유된 천연물 및 음식 등을 찾아 환자들이 생활 속에서 이를 접하도록 하는 것이다. 수술이 아닌 보다 손쉬운 방법을 통해 자신의 건강을 관리할 수 있길 바란다. 일단 나부터 필요하다. 나이가 들어가면서 건강한 노화에 대한 갈망이 더 커지고 이로 인해 연구에 더 집중하게 된다.

창의적이고 자유로운 의식을 가진 학생들이 많기를

차의과학대학교에서 몇 해 전 올해의 교수상을 수상하며 교육자로서 인정받은 것 같아 참 감사했다. 내가 꿈꾸는 것은 제자들이 세계를 무대로 활동하는 것이다. 학과장을 하면서 '차 BTS(Biology & Technology Science)'를 만들고자 한다는 발표를 했던 기억이 난다. 학생들의 잠재력을 세계로 내보내야 한다는 것이었다.

한국 학생들의 문제점은 지나치게 남을 의식한다는 데 있다. 사실 나도 그랬던 것 같다. 수업 중에도 질문을 꺼리고 항상 남들과 비교했다. 그래서 제자들에게 보다 당당하게 질문하고 수업에 참여할 것을 격려하고 있다. 자신만의 실력에 더해 자신감만 갖는다면 우리 학생들은 세계 어디에서든 빛을 발할 수 있을 것이다. 틀려도 괜찮고 어떤 질문도 받아들이고 맘껏 해 볼 수 있는 장을 마련해 주고 싶다.

나는 꾸준한 연구를 통해 줄기세포 및 인자들을 활용한 '불로(不老)의 꿈'에 성큼성큼 다가서고 싶다. 보다 안전하며 높은 접근성을 지닌 치료제 개발은 의료의 새로운 시대를 여는 열쇠가 되길 희망한다. 아직도 서툴고 미약하지만 두려움보다는 한 걸음 나아간다는 것에 초점을 두고 감사한 마음으로 오늘도 지내보려고 한다.

뜻밖의 새로운 장에서

세상을 배우고 성장하다

이덕순

㈜KT 상무

✦

이화여자대학교 영어영문과에서 학사 학위를 취득한 후, 1989년부터 2018년까지 약 30년간 KT그룹에서 근무하였다. 주로 홍보, 마케팅 분야 스태프 부서에서 일하였고, 관리자(상무보) 승진 후에는 마케팅이나 고객 지원을 담당하는 조직의 기관장 역할을 담당했다.

그 후 중견기업으로 옮겨 일하다가 퇴직하여, 현재는 지역사회 봉사 활동과 한국장학재단 멘토링 프로그램 참여 등 주로 사회적 가치를 높이는 일에 관심을 가지고 있다.

첫 현장 기관장 부임

인사 발령 철이 다가오고 왠지 불안한 마음이 몰려왔다. 1년 전 어렵게 상무보(상무대우)로 승진한 이후로 기쁨은 잠시, 기대 수준이 높아지니 어려움이 더 많았고, 이제부터는 매년마다 평가에 의해 경영자와 계약을 해야 하고, 또 보직 배치도 실무 때와는 달리 업무 전문성 외에도 여러 가지 요소가 작용되어 예상치 않은 자리로의 이전도 감내해야 함을 알기 때문이었다.

드디어 내가 해당된 직급의 인사 발표일. 금요일 오후, 사내 공지사항에 인사 발표 내역 문서가 올라오고 열렸다(그때는 인사 발령을 주말 전 금요일 오후나 퇴근 무렵 발표하는 경우가 있었다).

조직명 순서를 따라가면서 직책별로 보임자 명단이 나오고, 급한 마음에 '내 이름 찾기'로 발령 내역을 확인했는데, 역시나 불안한 느낌은 틀리지 않았다. 영업조직 현장조직명 중에 내 이름이 보였던 것이다.

"○○○지사장" 내게 부여된 직책명이다. 가장 일선에 있는 지휘관인 셈으로 사람, 영업, 시설 등 해당 조직에 관한 모든 일을 책임져야 하는 부담스러운 자리이다. 언뜻 생각난 것이 본사와 다른 근무 환경, 다양한 직무와 연령대의 직원들, 고객들과의 민원 처리, 영업 실적, 시설 관리 등 다양한 어려움들이었다.

함께 근무했던 동료들과 인사말들이 오고 가는 중에 낯선 번호의 전화가 걸려왔다.

"지사장님 인사드립니다. 조금 전 인사 발령받으신 ○○○지사의 영업부장 □□□라고 합니다. 월요일자 발령이신데 출근 전 상의드릴 것도 있고 해서 뵈었으면 하는데…. 혹 언제 시간 가능하실까요?"

빠르기도 하여라.

"아, 그러셔요. 반갑습니다. 월요일 출근해서 뵈어도 되는지요?"

전화기 너머의 다급한 목소리 그분은 인사 문제 등 급하게 내일까지 상의하고 통보해야 할 것이 있어 그전에 만나야 한다기에 토요일 오후에 만나기로 약속을 정했다.

현 자리의 짐을 챙기고 간단히 간단히 이별 인사 식사 후 본사 근무를 마무리했다.

미리 시작된 근무와 길었던 첫 출근일

배치받은 지사 근처의 커피숍에 가니 나이 지긋한 그 부장님이 벌써 나와 계셨다. 인사를 나누고 본론으로 들어가 팀장급 인사 배치안을 상의했다. 조직의 인사 절차상 주말 안에 명단을 넘겨야 다음 주 직급별 인사 발령을 내고, 그래야 조직과 업무 진행의 공백이 적고 안정화가 빨리 이루어진다는 것을 나도 알기에.

사실 150여 명 되는 지사의 인력 특성과 개개인을 모르니, 몇 가지 궁금한 것을 묻고 확인하는 것 이외에는, 현장조직 2인자(부장)의 의견을 그대로 수용하는 것이 최선이라 생각했다. 그렇게 현장사령관으로서의 첫 권리와 의무를 얼떨결에 마친 셈이었다.

월요일 아침 지사가 소속된 상위조직(본부)으로 조금 일찍 출근하여 새로 보임받은 지사장들과 서로 인사도 나누고 본부장의 당부 사항도 들은 후 나의 지사로 이동했다. 시내 중심부의 번듯한 본사 건물에서만 근무하다가 주택가 인근의 허름한 지사로 (방문이나 회의도 아닌) 상근을 하러 가니 왠지 낯설고 불편한 느낌도 있었으나 '이제는 내 집이라 생각해야지.' 하는 생각으로 마음을 단단히 고쳐 잡았다.

비교적 적은 나이의(그 당시 인근 지사장의 평균 나이보다는), 게다가 여성 지휘관(지금과 달리 그 당시만 해도 여성 지사장이 드물었고 당연히 해당 지사에서는 첫 케이스였다)이니 그곳서 근무하는 직원들은 나를 낯설고 특이하게 보는 듯했다.

벌써 느지막한 오전인지라 외근 나간 직원들이 많아서 빈자리가 대부분이었다. 먼저 노조지부장을 비롯한 팀장급 보직자 6~7명과 인사를 나눈 후, 바로 점심시간이 되어 자연스레 인근 식당으로 옮겨서 그 자리가 이어졌다.

오후부터 본격적인 업무가 시작되었다. 준비된 지사의 현황 보고를 듣고 난 후 건물을 구석구석 돌아보고 그와 관련된 현안 사항도 들었다. 퇴근 무렵이 되니 외부에 나갔던 영업직과 기술직 직원들이 하나둘씩 들어왔고 늦은 인사를 서로 나누었다.

다양한 경험의 종합선물세트, 기관장

이렇게 시작한 지사장으로서의 일 년 동안 주요한 일들이 있었고, 그와 비례하여 나의 경험도 하나씩 쌓여 갔다. 일단 빠른 시간 내 업무를 파악하고 의사 결정하는 경험이 가장 큰 수확이었다. 특히나 낯선 기술 분야나 상품을 알아야 직원 및 주요 고객과 의사소통이 가능한지라 수시로 묻고 따로 공부하여 비교적 빠른 시간 내 이해를 할 수 있었다. 본사에서 사무직 위주로만 근무했던 나의 경력 단점을 다소 확장하는 시간이었다.

그중에서 가장 중요하고 어려운 것은 사람이었다. 일단은 현장 부서의 문화가 처음인 여성 기관장에게 갖는 거리감을 좁혀야 했고, 또 인간적인 공감을 가져야만 그 문화에 스며들어 진정한 한집 식구가 될 수 있다고 생각했다. 지원 업무 담당 팀장과 자주 이야기를 나누면서 순간순간 소통하는 기회를 찾아 함께 먹고 마시고 대화하며 마음의 거리를 좁혀 나가려고 노력했다.

그러자니 저녁을 두 번 먹거나 술자리를 함께하는 시간도 종종 있었지만 그것이 그 시대와 대상에 맞는 소통의 과정에는 도움이 되었던 것 같다. 특히나 대기업 노조(지부장)와의 거리는 가까워도, 소원해도 문제가 된다는 것을 알았다. 또 표면과 이면이 많이 다름을 느끼고, 경우에 따라 어떻게 대응하는 것이 좋은지 꾸준히 배워야 함을 절실히 경험했다.

영업 실적은 항상 부담이었다. 하루 2번(1시와 7시)에 지사별 주요 상품 영업 실적 통계가 문자로 발송되어 오는데, 식사 전후 소화가 잘 안되는 주요 원인이기도 했다.

특히나 해당 지역의 기업고객(B2B)관리(신규 유치 또는 리텐션)는 전체 실적에 많은 영향을 주고 본부에서도 주기적으로 챙기는 분야인지라 늘 신경을 쓰는 편인데, 관내 주요한 고객 중 한 곳이 계약 만기도 되기 전에 경쟁사로 옮기겠노라는 급한 보고가 왔다. 현황 파악을 하고 얼른 상부조직에 보고를 했는데 반응은 당연히 어떻게 하던 설득하고 경쟁사 이탈을 막아야 한다는 것이었다.

만나 주지도 않겠다는 고객사 수장을 만나러 출근 전부터 사무실 근방으로 가서 진을 치고 있다가 차에서 내리는 그분을 쫓아가서 사정을 해 보기도 하고, 법적인 조치를 해 보겠노라고 본사 법무팀까지 찾아가 경쟁사와의 소송을 준비해 본 경험이며, 그 법인에(상가빌딩인지라 그 건물을 임대해서 사용하는 개별 이용자가 따로 있는 상황이어서) 소속 이용자까지 몇 군데를 찾아가 지속적 사용의 장점을 설명하고 추가 혜택을 전달도 해 보고….

이러한 다양한 고객 리텐션 활동 모색을 통해, 영업 관련 노하우도 알게 됨은 물론, 그 노력 과정에 지사 소속원들이 합심하여 노력하는 과정에서 공감대와 소속감이 높아지게 된 것은 무엇보다 큰 결과물이었다.

하필이면 그 당시 맡은 지사의 건물이 새로운 자산 가치 형성을 위해 부수고 다른 곳으로 이전을 해야 하는 상황이었다. 매일의 영업 분투 상황에서 다른 지사는 하지 않는 부수 업무(자산 폐기, 새로운 곳 모색 및 이전 등)까지 해야 함은 운이라고 하기에는 너무 크고 힘들었다. 그렇다고 상사에게 푸념해 봤자 좋은 피드백이 올 상황도 아닌지라, 직원들이 좀 더 좋은 근무 환경에서 지내는 기회로 삼자고 보직자들과 협의했다.

좀 더 나은 환경 구축을 위해 애써 준 직원들 덕택에 낡은 사무 환경이 새로운 가구와 그럴듯한 사무실 배치로 탈바꿈하여 직원들이 좋아하는 상황이 된 것은 나름 보람된 시간이었다. 하지만 그 과정에서 다양한 위험 요소들(전기, 보안 장치 등)이 문제가 되어 가슴을 쓸어내린 사건들이 간헐적으로 발생하기도 했다.

그 당시 조직에서 "책임경영지사"라는 형태의 새로운 경영 방식을 도입하기 전 샘플 테스트를 시행했는데 내가 속한 조직이 그중의 하나가 되어, '작은 회사'를 운영해 보는 소중한 경험을 하게 되었다.

매출과 비용을 매월 단위로 계산해 내고 그에 따른 현장 지사 단위의 책임경영 가능성을 모색해 보는 프로그램으로, 영업 실적을 매출로 인식하고(심지어 기술 파트의 서비스 제공도 매출로 환산하였다) 지사의 인력을 인건비로 환산해 내고 그 외 사무실 임차료, 마케팅비용 등을 모두 비용으로 환산 처리한 후, 작은 기업(해당 지사)의 영업이익률과 순이익 등을 집계하여 홀로서기 가능성을 적나라하게 결과로 나오게 했다.

결과에 따라서 회사가 없어지는 절박한 상황이 아닌지라 영세기업 운영처럼 절절한 상황은 아니었지만, 비용을 줄이기 위해 다양한 시도를 해 보게 되었다. 여유롭게 쓰던 회의실이나 공간을 반납하고 외주로 처리하던 현장 시연행사 중 일부 항목을 직원이 나누어 참여하면서 외주 행사비 일부도 절감해 보고, 매일 서비스하는 기술 분야 제공 건수를 늘리기 위한 방안도 함께 시도해 보았다.

물론 소소한 비용을 줄이기 위한 다양한 노력도 해 보고, 또 인건비가 가지는 무서운 효과도 절감해 보고…. 후에 결과는 비용이 더 많아 마이너스 기업이었으나, 이 과정을 겪으면서 창업을 하거나 조그만 회사에 근무할 때 많은 도움이 되리라 생각해 보았다.

가장 짧게, 그러나 가장 굵게!

발령 문서 나자마자 출근 전부터 빡세게 시작된 지사장의 보직이 (개인 사정상) 1년여간으로 다소 짧게 마치게 되었다. 그러나 그 1년은 그전 20년가량 경험한 조직과 완전히 다른 '또 다른 조직'의 모습을 보고 경험한 시기였는데, 조직에 대한 이해를 넓히고 관리자의 다양한 요소를 경험한 좋은 기회였다. 물론 지금 생각해 보면 아쉬움이 많은 과정과 결과였다.

10여 년이 지난 지금, 그때 그 자리로 다시 보임된다면 어떻게 일할 것인가? 물론 조직 내부 구성원에도 많은 변화가 있고, 시장 환경도 급격히 변화하였고, 또 기관장의 역할도 많이 달라진 것으로 안다. 하지만 그때 터득한 다양성을 통한 배움은 그 이후 나의 관리자로서의 역할 수행과 조직을 벗어나 개인 자격으로 홀로서기하는 요즈음 활동의 뿌리였다고 느낀다.

그 이후 개인 건강상의 사정으로 1년간 교육 파견을 갔다 왔으며, 조직 복귀 후 자리를 잡을 때 현장 업무 경험을 기반으로 한 새로운 보직을 맡게 되었다(전국 현장의 영업의 기본인 고객 대상 상품별 과금을 하고 수납하는 업무로).

오랜 기간 본사에서 스태프 업무에만 종사하다가 우연한 기회에 다른 부서로의 보임, 피하고 싶었고 또 그 과정에서 여러 가지 어려움으로 몸과 마음이 힘들었지만 나에게 관리자의 나이테를 단단하게 만들어 준 첫 단추가 된 시기, 조직의 다양성을 뼛속 깊이 체험하게 한 기회였다.

짧고 굵었던 그 경험은 결국 그 조직에서 오랜 시간 살아남게 한 기회였던 것이다.

: 현장에 답이 있다. 관내 고객이 있는 곳에 찾아가 소통하고 홍보하는 모습.

: 관내 아파트 단지 입주 시 프로모션 행사장에서 직원과 협의 중

이덕순

: 직원들과의 소통이 제일 중요하다. 주요 팀장들과 저녁을 함께하며….

나에게

새로움이 찾아온다

전현주

LG전자 선임연구원

✦

이화여자대학교에서 정보과학 석사 졸업 후 LG전자에서 사용자 경험을 디자인하고, 미래 라이프 스타일과 가전제품을 선행 연구하는 일을 하고 있다. 2014년 G3 스마트폰 터치키보드 디자인으로 세계 3대 디자인 Red Dot에서 Best of the Best 수상, 2020년 한국기술사회 여성위원회 활동으로 과학기술정보통신부 장관상을 수상하였다.

약사를 꿈꾸던 영문학도

초등학교 시절 나의 꿈은 약사가 되는 것이었다. 친척 중에 약학과 교수로 계셨던 할아버지와 제약회사와 약국에서 일하는 외삼촌들을 보며 나의 꿈도 자연스럽게 약사로 형성되었다. 그리고 아버지께서는 어렸을 적 영어 테이프를 자주 들려주셨고 어머니께서는『천자문』,『명심보감』,『논어』등을 배우게 하셨다.

나는 중학교에 가서 약사가 되기 위하여 수학과 과학 공부를 부지런히 하였다. 영어와 한자는 항상 기초 실력으로 시험을 치르곤 하였는데, 이를 보시던 중학교 담임 선생님께서 외국어고등학교에 진학해 보라는 권유를 하셨다. 그럼에도 나는 약사에 대한 꿈으로 일반고등학교의 이과 계열을 선택하여 진학하였다.

그러나 대학교 수능 시험 후 진로에 대해 다시 고민을 하게 되었고, 이러한 나의 모습을 보시던 아버지와 어머니께서 영어영문학을 전공하여 교직을 이수한 후에 중등교사가 되는 것이 어떻겠냐고 제안하셨다. 나는 성실히 교사로서 활동하신 아버지의 모습을 보고 영어영문학과를 선택하여 진학하였다.

지성의 힘을 키운 인문학

나는 영어영문학 전공을 통해 문화, 문학, 철학에 대해 관심을 갖게 되었다. 영어로 쓰인 잡지와 신문을 통해 다양한 문화권에서 살아가는 사람들의 이야기를 접하였다. 영미사회와 문학, 영문학사, 영미시를 공부하면서 인문학적 토양이 쌓여 갔다. 셰익스피어 작품을 통해 인간의 깊은 내면에 대해 탐색할 수 있었고, 인간의 감성에 대해 공부하게 되었다. 'All the world's stage, And All the men and women merely players.' 세상은 무대, 우리는 배우라는 셰익스피어의 말에 감동을 받기도 하였다.

애플 창업자인 스티브 잡스는 지적 배고픔으로 리드대학에서 청강을 하였다고 한다. 리드대학은 미국 오리건주에 위치한 리버럴 아츠 컬리지로 순수 학문을 지향하여, 모든 과목을 소수 정예의 토론식 수업으로 진행하고, 학생들은 인문학 수업을 반드시 들어야 하는 것으로 알려져 있다. 스티브 잡스는 이곳에서 셰익스피어, 아리스토텔레스, 플라톤과 로마 역사를 들으며 지성의 힘을 키웠고, 그때 배웠던 공부가 아이폰을 개발할 때 많은 영감을 주었다고 하였다.

인문학은 모든 학문의 기반이 될 수 있으며 지성인이라면 반드시 갖춰야 할 기초 학문일 것이다. 응용은 튼튼한 기초 없이는 이루어질 수 없다는 말처럼, 인문학을 배우게 된 계기가 나의 앞으로의 연구에 큰 밑거름이 될 수 있었다.

인터넷 기술에 대한 호기심

영어영문학을 공부하던 시절, 국내에 벤처 열풍이 일어났다. 외국 경영잡지를 보면서 나는 첨단 시대와 벤처에 대해 이해하고 싶은 욕구가 생겨났다. 학교에서 경영학을 부전공하고, 과학산업전문인터넷언론사 대덕넷에서 인턴 생활을 하기 시작하였다. 벤처기업 대표들과 미팅을 하고, 벤처기업을 탐방하며 과학 뉴스 기사를 작성하면서 공학과 벤처에 대한 시각을 키워 나갔다.

나는 당시 인터넷 기술에 점점 매료되어 갔다. 빠르고 정확하게 양방향 통신할 수 있는 이메일과 무한한 정보를 항해할 수 있는 포털 사이트를 이용하는 것이 무척 즐거웠다. 야후 홈페이지의 세련된 유저 인터페이스를 보면서 인터넷을 본격적으로 공부하고 싶은 생각에 정보과학대학원을 진학하였다.

정보과학대학원에서는 '웹기반 멀티미디어 통합검색에서의 개인화 서비스 인터페이스 연구'를 하여 HCI학술대회에 제출하는 등 휴먼 컴퓨터 인터랙션에 관련된 공부를 하였다. 인문학에서 공부하였던 사람에 대한 통찰과 이해는 점점 가속화되었고, 인터넷 기술이 적용되는 컴퓨팅 환경에서의 인터랙션에 대한 연구와 관심은 점점 높아졌다. 그리고 인문학과 기술의 만남이라 할 수 있는 시멘틱웹으로 석사 학위 논문을 쓰게 되었다.

인문학과 공학의 만남에서 디자인

나의 인문학적 토양과 공학에 대한 접목은 사용자 경험 디자인에서 꽃을 피우게 되었다. LG전자에서 내가 맡은 업무는 사용자가 편리하게 사용할 수 있도록 핸드폰의 인터페이스를 설계하는 것이었다. 핸드폰의 화면에 나타나는 메뉴와 물리적으로 입력하는 키보드, 버튼의 위치, 사이즈를 고려하여 사용자가 최적으로 핸드폰을 사용할 수 있도록 만드는 일이다. 해마다 사용자에게 필요한 새로운 기술과 디자인을 적용하여 핸드폰을 개발하는 것은 무척 흥미로웠다. '이번에는 어떤 핸드폰 모델을 맡게 될까?' 늘 기대하게 되었다.

2011년 LG전자에서는 이탈리아 밀라노에 있는 패션 업체 실샌더와 공동으로 스마트폰을 개발하는 것을 기획하였다. 그동안 나는 미국 시애틀에 있는 마이크로소프트를 오가며 LG Windows7 스마트폰의 사용자 인터페이스를 디자인하였는데, 그 경험으로 인하여 Windows OS를 적용한 질샌더 브랜드폰을 맡게 되었다. 패션 거장 디자이너와 같이 스마트폰을 개발하는 것은 과연 어떨까? 들뜬 기분을 안고 밀라노에 도착하여 여러 패션 스토어와 도시를 거니는 모델들을 관찰한 후 프로젝트를 시작하였다.

윈도우 스마트폰에 탑재될 질샌더 앱을 디자인하기 위하여 질샌더 패션 디자이너, UX(User Experience) 디자이너, GUI(Graphic User Interface) 디자이너, 소프트웨어 엔지니어가 다 같이 모여 질샌더 앱의 타이틀 위치와 메뉴명, 의상 컬렉션, 패션 쇼 영상 배치에 관하여 회의를 하였다. 당시에는 앱이 동작될 때 앱의 명칭을 항상 화면 상단에 보여 주는 것이 일반적이었는데, 이로 인하여 스마트폰 전면에 있는 질샌더 로고와 앱에 있는 질샌더 명칭이 중복으로 나타나는 현상이 있었다.

우리는 질샌더의 미니멀리즘 철학이 스마트폰에 반영되기를 원했다. 앱 명칭을 과감히 삭제하고 오히려 패션 모델과 의상이 돋보이도록 디자인하였다. 또한 질샌더의 패션 감성이 스마트폰에 나타나도록 그해 질샌더의 주류 색상이었던 코발트 블루 색상을 스마트폰의 가죽 케이스와 홈 화면에 포인트 색상으로 적용하였다. 당시 LG전자와 같이 브랜드폰을 출시하는 것에 대하여 망설였던 질샌더는 우리가 디자인한 결과물에 흡족

: 이탈리아 밀라노 질샌더 스마트폰 개발 출장, 2011

해하며 스마트폰을 대량 구매하였고, 유럽에 있는 질샌더 스토어에서 판매되는 쾌거를 이루었다.

2014년에는 G3 안드로이드 스마트폰 화면에 나타나는 터치 키보드 디자인 프로젝트를 하게 되었다. 사람의 손의 크기에 관계없이 키보드의 높낮이를 조절하고 자주 사용하는 기호를 설정하여 입력하도록 하는 맞춤 키보드이었다. 이러한 키보드는 입력되어야 하는 숫자, 문자, 기호 버튼이 많고 QWERTY 키보드, 3x4 천지인, 나랏글 키보드를 사용하는 사람들이 있어 각각의 타입으로 변경하게 될 때 맞춤 설정에 오류가 발생하는 문제가 있었다.

나는 이것을 창의적으로 해결하기 위하여 TRIZ(Theory of Inventive Problem Solving)에 해박한 이현주 책임님과 한유신 책임님의 도움을 받으며 TRIZ 발명원리를 프로젝트 문제 해결에 적용하였다. 그리고 연구 결과를 사내에 제출하여 TRIZ Best Practice 상을 수여받았다. 또한 같은 해에 상품기획 박상욱, 소프트웨어 윤영민 책임님과 밤낮으로 모여 스마트 키보드 개발 이슈를 해결한 결과, 세계 3대 디자인 Red Dot에서 Best of the Best 상을 공동으로 수상하는 영예를 갖게 되었다.

기술사 활동으로 비전 업

나는 내가 갖고 있는 인문학과 공학을 더욱 체계화하고 디자인 수준을 높이기 위하여 제품디자인기술사에 도전하였다. 기술사에 합격하여 활동하다 보니 자연스럽게 엔지니어 분야를 개척하고 있는 한국기술사회 여성위원회 기유경, 박소영, 박현애, 신호전, 이경숙, 이상희, 장녀, 정미진, 허성운 기술사님들과 만나며 리더십을 배우고 외연이 넓어지게 되었다.

2019년에는 이지형 기술사님으로부터는 한일교류회 여성기술사 세션 발표 제의를 받았다. 한국기술사회는 한일 양국 간 기술을 교류하며 우의를 증진하기 위하여 50년 동안 해마다 한일교류회를 개최하고 있는데, 당시에는 일본과 한국과의 정치 외교 관계가 악화되던 때여서 참여하는 것에 대해 상당한 부담감을 갖고 있었다. 그러나 일본 현지 경험이 있는 사

: 제13회 한일여성기술사교류회, 2019

람들의 도움을 받으며 한국과 일본의 공통 주제가 될 수 있는 '초고령화 시대 융합 기술'에 대하여 준비하여 발표하고 일본 여성기술사들로부터 "Good Job!" 박수를 받게 되었다.

인생의 무대와 미션

나는 인문학에서 시작하여 공학을 배우고 디자인을 하고 있다. 기술사가 된 이후에는 영향력 있는 여성 과학기술인들과 교류하며 활동 영역을 더욱 넓혀 갔다. 나는 인문학이든 공학이든 분야에 상관없이 도전하며 찾아오는 기회를 받아들이고 나만의 커리어를 쌓아 가는 자세가 필요하다고 생각한다. 인문학자 중에서 공학을 꿈꾸는 사람은 공학의 감성적인 부분에 도전해 볼 수 있을 것이다. 과학기술인은 인문학적 토양을 가꾸어 스티브 잡스와 같이 사람들이 원하는 혁신적인 제품을 만들 수도 있을 것이다.

자신의 아이덴티티와 소명을 발견하여 일을 하는 것도 매우 중요하다. 나는 주변의 친구들과 소그룹을 이루어 'Essay'라는 자아성찰 방법론을 몇 년 동안 꾸준히 하고 있다. 내가 그동안 방문했던 전시회, 여행, 독서, 만남에 대한 기록을 사진과 글로 적으면서 나의 미션에 가까워지고 있는지 스스로 체크하고 주변 친구들로부터 피드백을 받는 것이다. 자신의 미션에 가까운 활동을 할수록 더욱 무한대로 자신의 영역이 확장되는 것을 발견할 수 있었다.

각자 자신의 분야에서 꿈을 갖고 자신의 미션을 찾아 노력하다 보면 넓은 인생의 세계를 경험할 수 있을 것이다.

끝나지 않은 여행:
돌고 돌아서 닿은 꿈의 연구소

최경윤
MIT Media Lab, 박사 과정 연구원

◆

연세대학교 기계공학부에서 공학 학사 학위를 취득한 후, 미국 University of Illinois at Urbana–Champaign의 Aerospace Engineering 석사 학위를 취득하고, MIT Media Lab에서 2019년 두 번째 석사 학위를 취득한 후 현재(2021년) 같은 연구실 박사 과정에 있다. Facebook Reality Labs에서 VR/AR 관련 여름 연구인턴을 하였으며, 저서로는 『답답해서 떠났다(220일간의 직립 보행기)』가 있다. CBS 〈세상을 바꾸는 시간, 15분〉 166회 '앞으로 멘 배낭!' 연사로 참여하였다. 현재 Human–computer Interaction 분야에서 사람 간 심리적 거리를 줄이고 보다 즐겁게 소통할 수 있게 하는 실감형 사용자 인터페이스를 개발하고 있다.

지구 반대편, 아마존 정글에서 결심한 유학의 길

"아마존 강물을 끌어다 우리 농장의 불을 밝힐 전기를 생산하는 기계를 만들어 줄 수 있겠니?"

학부 3학년 2학기를 마친 뒤 급 휴학을 택하고 떠난 배낭여행 중 에콰도르에서 만난 농장의 아저씨에게 들은 부탁이다. 여행을 하게 되면 새로운 사람들을 만날 기회가 많다. 그때마다 만나는 사람들은 한국에서의 내 삶에 대해 많이 궁금해했고, 쏟아 내는 질문 중 항상 포함되어 있던 것은 '직업은 뭐니?'였다. 그럴 때마다 나는 항상 당당히 '기계공학을 공부하는 대학생이에요!'라고 대답했다. 내 대답을 듣고 난 뒤 나는 간혹 사람들의 눈빛이 변하는 것을 느꼈다. 내게 바라는 뭔가의 새로운 기대감이 생겨난 것 같은 눈빛.

내가 이 여행을 떠나기 전부터 은근히 바라 온 순간이 이런 순간이 아닐까 하는 반가운 감정과 동시에 '과연 내가 도움이 될 수 있을까?' 하는 자기 의문이 동시에 드는 복잡한 순간이었다. 기계공학도로서 드디어 내가 이 세상에 혼자 나와서 뭔가 좀 쓸 만한 일을 할 수 있는 기회가 이렇게 생기는구나 하는 생각과 동시에 '이걸 어떻게 하지?' 하는 여러 생각들 탓이었다. 학교에서 전공 수업에서 주어진 그룹프로젝트의 실전판 같았다.

농장 주인 아저씨가 들고 오신 노트에 물레방아를 연상시키는 기하학적 추상화를 연상시키는 그림을 그리며 이런저런 설명을 해 보려 노력하다 결국엔 '아무래도 이 일은 이런저런 장비들도 있어야 할 것 같고, 아마 몇 달은 걸리지 않을까요?' 하는 식으로 대답을 자신 없게 얼버무렸던 것 같다.

: 콜롬비아 캐리비안 해변 지역 도시 카르타헤나 여행 중 사귄 친구들

그 이후에도 여행을 하며 비슷한 경험을 여러 번 했었다. 묵고 있던 숙소의 전기가 나가면 나를 불러서 발전기를 고쳐 달라고 하거나, 여행에서 사귄 지역 주민들이 자동차를 고쳐 달라고 하거나. 물론 기계과라는 전공이 기계를 수리하는 법을 배우는 학문은 아니지만, 일반적으로 사회가 공학을 공부하는 사람들에게 갖는 기본적 기대가 무엇인지, 그리고 '열심히 공부해 들어간 대학에서 3년간 기계공학을 공부한 학생으로서 나는 그 기대의 일부라도 충족시킬 준비가 되어 있긴 한 걸까?' 하는 등의 질문을 스스로에게 여러 번 던지고 대답하는 것으로 여행의 남은 시간을 채워 나갔다.

스스로와 대화를 하는 순간마다 23살 그때 내가 사회에서 어떤 위치에 있는지 점점 명확히 깨닫게 되었다. 그러곤 어디에 혼자 다시 떨어져도 사람들에게 오롯이 혼자만의 능력으로도 충분히 도움이 되는, 사회에 쓸모 있는 사람이 되어야겠다고 굳게 다짐했다.

　이런 다짐은 여행을 하며 만난 수많은 좋은 사람들의 도움 덕이기도 하다. 그들 덕분에 아무 탈 없이 여행을 마칠 수 있었다. 도움을 받을 때마다 고마운 마음이 한없이 듦과 동시에 그만큼 나라는 존재가 얼마나 작은 존재인지를 느꼈다. 내가 받은 도움에 대한 보답은 어떻게 할 수 있을까.

　그때마다 내가 할 수 있는 건 감사한 마음을 가득 담아 그들의 초상화를 그려 주는 것이 최선이었다. 취미로 좋아하는 그림 말고도, 만약 내가 학교에서 배운 지식을 활용할 수 있는 능력과 실력이 갖춰져 있었다면 실생활에 좀 더 도움이 될 수 있는 뭐라도 해 줄 수 있지 않았을까. 도움만 계속 받기보단 나도 뭐라도 그들에게 실용적인 도움이 될 수 있었을 텐데.

　그렇게 나는 여행 중 대학원에 진학해서 전문 소양을 더 쌓아야겠다고 다짐했고, 그럴 거면 지금 내가 여행을 나온 것처럼 더 큰 세상에서 도전

: 배낭여행 중 페루 이카에서

해 보자는 생각으로 유학을 결심했다. 여행을 시작한 지 7개월쯤 되었을 때, 아르헨티나에 이르러 즉흥적으로 한국에서 보는 토플 시험을 신청했고, 4월에 한국에 돌아와 처음 보는 토플 시험을 시작으로 천천히 유학을 준비해 갔다.

오랜 시간 여행을 하고 돌아와 4학년 1학기로 복학했을 때 들은 전공 수업들이 그렇게 재미있을 수 없었다. 여행의 경험이 강한 동기 부여가 되어, 그전에는 장학금을 놓치지 않기 위해 좋은 학점을 받는 것이 공부를 '해야만' 하는 주된 동기였다면, 이제는 순순히 새로운 지식을 습득하고 그것을 어떻게 실생활에 활용할 수 있을지 상상하는 것 그 자체가 정말 즐겁고 신이 나서 동기 부여가 되었다.

MIT Media Lab을 꿈꾸다

4학년 2학기, '창의설계'라는 기존에 없는 새로운 기계/로봇을 개발하고 구현하는 프로젝트 기반의 수업을 들을 때였다. 무엇을 만들어야 할까, 아이디어 구상을 위해 신기술을 찾아보다가 MIT Media Lab의 Tangible Media Group이라는 곳에서 만든 유튜브 영상 하나를 발견했다. 이 연구 그룹에서 개발한, 형태가 실시간으로 변하는 실감형 3D 디스플레이의 기능과 다양한 사용성을 멋지게 영상에 담아낸 것을 보고 공학이 이렇게 시각적으로도 아름다울 수 있구나 하고 처음으로 느꼈다.

그 영상을 시작으로 이 그룹의 다른 프로젝트 영상까지 다 찾아보기 시작했고, 하나하나 모두 놀라지 않을 수 없었다. 영상들에서 보여 주는 새로운 기술들이 얼마나 뛰어난지만을 보여 주려고 하기보다 그것을 사용하는 사람이 항상 주인공인 점이 무엇보다 크게 인상에 남았다. 여행에서 만난 사람들과 새로운 경험들을 통해 느꼈던 지식 습득 및 활용 능력 성장에 대한 갈망과 그것을 통해 사회에 무엇을, 어떻게 반환할지에 대한 고민의 해답이 이 그룹이 만들어 낸 영상들에 다 남겨 있었다.

그렇게 MIT Media Lab이란 곳에 대해 알게 되었고 조사를 하면 할수록 점점 더 빠져들었다. 4학년 2학기 그 수업 덕분에 미국 유학에 대한 꿈에 더해 목표하는 연구실을 확실히 잡을 수 있었고, 그때부터 본격적인 도전과 실패의 연속이 시작되었다.

모든 것이 처음!

2013년 8월, 학부 졸업을 하고 같은 해 바로 지원했던 여러 미국 대학원들로부터 원하는 결과를 받지 못했다. 하지만 그 덕분에 국비유학장학생이라는 좋은 프로그램을 알게 되어 지원해 볼 수 있었고, 정말 감사하게도 최종 합격을 받을 수 있었다. 그리고 2014년 12월 다시 여러 미국 대학원에 원서를 넣었다. 처음 지원했을 때와는 다르게 자신감도 붙고 스스로도 준비가 되었다 싶은 확신이 들어 처음으로 MIT Media Lab에 원서를 넣고 1월부터는 매일 새벽 3시부터 눈이 떠져서는 메일 확인부터 했던 것 같다.

그리고 설날 즈음, 내가 그토록 원했던 Media Lab의 원하던 그룹의 지도 교수님께 인터뷰 요청 메일을 받았다. 그 메일을 받은 순간부터 인터뷰를 하는 날까지 나는 극도의 흥분과 긴장 상태로 일주일을 보냈다. 그렇게 인터뷰 후 한 달 뒤, 최종 불합격 통보를 받았다. 가장 원했던 곳이었던 만큼 기대감도 컸던 터라, 불합격 통보를 받은 후에 한동안 나는 스스로에 대한 실망감 속에 내가 인터뷰 때 이렇게 대답했더라면 결과가 달라졌을까 하는 식의 의미 없는 후회만 하며 우울한 나날을 보냈다. 모든 시간이 멈춰 버린 것 같았다.

그러나 얼마 후 University of Illinois at Urbana-Champaign(UIUC)의 항공우주공학과에서 온 합격 메일과 동시에 내가 가고 싶은 목록에 적어 났던 연구실의 교수님이 보내 주신 메일이, 멈춰 버린 어두운 시간 속에서 벗어날 수 있게 하는 힘이 되었다.

교수님께선 내 웹 포트폴리오를 정말 자세히 보셨는지 남미 여행을 갔다 온 것을 아시고, 에콰도르엔 어디에 갔었니, 무엇을 했었니 물으시며 본인 연구실의 학생들도 연구차 에콰도르에 마침 갔다 온 참이었다며 메일의 운을 반갑게 띄우셨다. 여행이 또 다른 인연의 시작으로 이끈 것 같

: UIUC에서 같이 일하던 박사 과정 친구와, 개발하던 로봇의수를 사용자 테스트하러 갔던 날

아 정말 반가웠고, 무엇보다 큰 좌절을 맛본 후에 처음으로 받는 손길이 내게는 너무나도 감사하고 행운처럼 느껴졌다. 2015년 8월 자취도 처음, 유학도 처음, 미국 생활도 처음, 모든 것이 처음의 순간들로 가득한 유학 생활이 시작되었다.

후회 없이! 마지막 도전

진행하는 연구도 재밌었고, 항상 새로운 아이디어를 공유하면 신나 하시는 교수님의 반응을 보는 것도 즐거웠고, 교수님과의 토론, 연구 미팅 모든 것이 정말 좋았다. 그런데도 석사 과정이 1년 남은 무렵 나는 MIT Media Lab에 대한 생각을 떨칠 수가 없었다. 다시 한번 도전해 보고 싶었다. 결과에 상관없이 일단 도전이라도 해 보지 않으면 평생 후회할 것이란 생각이 확실히 들었다. 재도전에 대한 마음을 잡고 지도 교수님께 내 계획을 말씀드리며 조심스럽게 추천서를 부탁드렸다.

지도 교수님은 이미 예상하셨다는 듯이 씁쓸한 미소를 지으시며 "당연히 네가 바라는 꿈인데 열심히 지원해 줘야지. Media Lab은 네가 하고 싶어 하는 연구 아이디어랑도 정말 잘 어울리고, 네가 가면 정말 잘할 거야. 당연히 추천서 써 줘야지. 그것 말고도 필요한 것 있으면 말해. 그리고 만약 원하는 대로 결과가 나오지 않더라도 걱정 마, 네가 원하면 언제든지 우리 그룹에서 박사 하면 되니까. 하하하!"

그렇게 다시 12월, 대학원 지원 시즌이 돌아왔다. 어차피 처음부터 가고 싶었던 곳은 MIT Media Lab의 Tangible Media Group 하나였기 때문에 다른 학교 대학원은 생각하지도 않고 이곳 딱 한 곳에만 지원하였다. 예전과는 결이 다른 더 확신에 찬 자신감이 있었다. 그리고 또다시, 2년 전 인터뷰를 했던 그 교수님과 다시 인터뷰를 할 기회가 주어졌다. 이번엔 같은 나라에 있었던 덕분에 대면으로 인터뷰를 할 수 있었다.

눈폭풍이 몰아치던 1월, 예약한 비행기는 연착, 결국엔 취소되어 하룻밤 공항 근처에서 마음을 졸이며 밤을 지새웠다. 다음 날 아침 시카고에서 보스턴으로 출발하는 첫 비행기를 다른 공항에서 겨우 하나 찾을 수 있었다. 그리고 운이 좋게도 인터뷰 시작 1시간 전에 겨우 Media Lab에 도착하여 교수님과 연구실 구성원 학생들 앞에서 인터뷰를 무사히 마칠 수 있었다.

2년 전 인터뷰를 하고 난 뒤 느꼈던 근거 없는 자신감 속 신남이나 행복감과는 다르게, 이날의 대면 인터뷰를 하고 난 뒤에는 이유 없이 기분이 좋지 않고 찜찜함만이 계속 맴돌아 잠을 제대로 잘 수 없었다. 그러나 2월 말 UIUC의 연구실에서 혼자 로봇 의수 부품을 조립하던 중 최종 합격 통보 메일이 몇 시간 전에 와 있었다는 것을 발견하였고, 바로 가족들에게 메시지를 남긴 뒤 연구실에서 기쁨의 눈물을 흘렸다.

2017년 9월, 그렇게 Media Lab에 입학해 두 번째 석사 학위를 취득한 후 같은 연구실에서 박사 과정을 이어 가고 있다. 연구자들의 놀이터 같은 이곳에서 과학, 공학뿐만 아니라 예술, 디자인 등 여러 분야의 사람들과 아이디어를 개발하고 토론하며 매번 새로운 것을 배우고 개발한다. 그리고 바로바로 사람들의 일상생활에 접목시켜 그 사용성을 테스트하고 다양한 사람들의 피드백을 듣는다.

내가 만든 것에 대한 사람들의 즉각적인 반응과 신나 하는 모습, 그것이

: MIT 석사 졸업, 박사 시작!

사람들의 일상생활에 미치는 긍정적 영향을 눈으로 확인하는 그 순간 큰 보람을 느낀다. 그리고 이게 여행 중 내가 어렴풋이 상상했던 쓸모 있는 사람이 되는 과정에 근접해 간다는 확신이 든다.

좋은 사람들을 만난 덕분에 도움을 얻고 지혜를 배울 수 있었다. 돌이켜 생각해 보면 이 모든 과정이 2011년 떠났던 배낭여행의 연장선인 것 같다. 앞으로도 어떤 여행과 사람들이 기다리고 있을지, 다음 종착지는 어디일지 기대된다!

part 3

열정:

꾸준하게 한 걸음씩

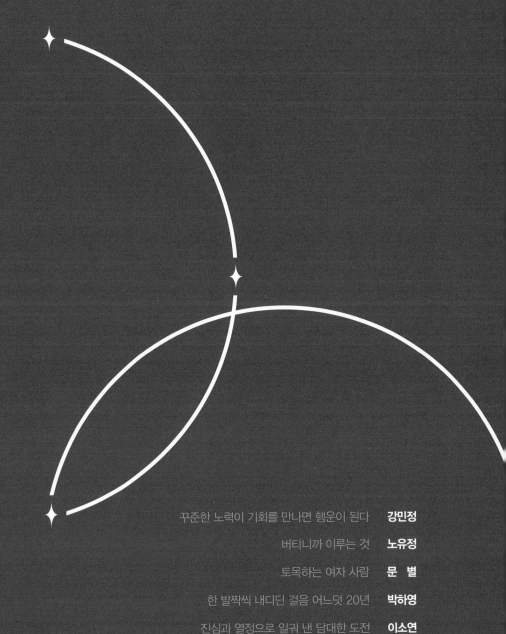

꾸준한 노력이
기회를 만나면 행운이 된다

강민정
연성대학교 식품영양학과 조교수

✦

한양대학교 식품영양학과에서 박사 학위를 취득하였고, 한양대학교 의과대학, 질병관리본부(現, 질병관리청) 생명의과학센터, 한국생활과학연구소, ㈜녹색식품안전연구원 등에서 약 10년 이상 연구원으로 연구를 수행하였다. 지질과 항산화 영양소 대사 및 심혈관계질환, 비타민 C와 뇌의 신경전달물질, 줄기세포, 대사증후군, HACCP 등에 관련된 연구를 수행하였다. 저서로는 『식품위생학』,『조리원리』가 있다. 현재 연성대학교 식품영양학과 교수로 재직하며 식품영양 관련 인력 양성에 많은 노력을 하고 있다. 또한 과천시어린이급식관리지원센터장을 겸직하고 있다.

현장실습 풀 패키지 중 경험한 신(新)세계

식품영양학과 입학과 함께 대학 4년 내내 나의 꿈은 중학교 또는 고등학교의 가정·가사 선생님이었다. 그래서 졸업과 동시에 임용고시를 보고 교사가 되는 것으로 나의 길을 정했다. 사실, 내 꿈이 아니라 전향한 내 목표 지점이라는 말이 더 맞을지도 모른다.

수학을 좋아했고, 수학과를 지원하려는 나를 극구 말려 식품영양학과에 지원하도록 영향을 준 것은 엄마였다. 수학 선생님이 되면 수업도 많고 이러저러한 이유로 힘들다는 게 그 이유였다. 똑같은 선생님인데 다른 과목을 가르쳤으면 좋겠다고 하시는 엄마의 권유와 그것도 나쁘지 않겠다는 생각에 그런 결정을 하는 데 큰 반감은 없었다.

그다음은 내 몫이었다. 진로는 결정이 됐으니 나는 대학 생활 내내 고민할 것도 없이 멋진 선생님이 되기 위한 준비만 하면 되었다. 전공과 관련된 모든 경험을 하고자 마음먹었다. 2학년 여름방학 때부터 방학 때마다 한 가지씩 경험하기를 목표로 삼았다.

첫 시작은 기업에서 진행하는 '조주사 교육과정 이수'였다. 대학생들을 대상으로 4주 동안 와인에 대한 이론 교육과 칵테일을 만드는 실습 교육을 진행했는데 신기하고 재미있었다. 보건산업진흥원에서 진행된 4주 동안의 실습에서도 생각하지 못했던 새로운 세계를 경험하였다. 텔레비전 뉴스에서나 보았던 가운 입은 연구원들을 볼 수 있었다. 단백질 정량, 지방 정량, 조지방 정량, 회분 측정 등 식품 분석에서 꼭 필요한 내용을 현장에서 사용하는 기기와 기구를 이용하여 배울 기회가 생겼다. 시판되는 가공식품들을 샘플로 하여 분석한다고 하니 모든 것이 새로웠다.

보건소로 4주간 현장실습을 나갔을 때도 순조롭지 않았다. 영유아 부모를 대상으로 한 상담은 처음부터 막혔다. 나름대로 전공 공부를 열심히 했다고 생각했는데, 실전에 직면한 부모들의 궁금증을 채워 주기에 경험이 없는 실습생의 실력으로는 역부족이었다.

대학원생들의 연구를 도와 일주일 정도 실험 보조를 하기도 했다. 단순한 작업을 돕기는 했지만, 학교의 실험실을 조금 더 세세히 들여다볼 수 있는 기회가 되었다. 4학년 때는 고등학교로 교생실습을 나갔고, 교내 식당에서 단체급식 현장실습을 하는 등 식품영양학과에서 경험할 수 있는 현장실습을 풀 패키지로 경험해 보았다.

실망, 그리고 방향의 전환

입학 후, 한 번도 변함이 없던 나의 진로를 다시 생각하게 된 것은 교생실습 이후였다. 내가 미래에 그렸던 선생님의 모습과는 너무도 다른 교육관을 가진 선생님을 담당 선생님으로 만났고, 4주 동안의 교생실습 내내 혼란스러웠다. 그러고는 선생님이 되고 싶다는 생각이 싹 사라졌다.

지금 생각해 보면 '그런 선생님 말고 내가 생각하는 좋은 선생님이 되리라' 다짐하며 진로를 바꾸지 않을 수도 있었을 텐데 왜 그런 결정을 했나 싶기도 하다. 아마도 내가 봤던 신세계에서 연구원들의 일과 삶이 더 궁금해서가 아니었나 하는 생각도 든다. 현장실습을 할 당시만 해도 미래에 내가 이런 결정을 내리게 될 줄은 꿈에도 생각지 못했다.

이러한 결정을 내릴 즈음 동시에 꿈이 하나 더 생겼다. 4학년 마지막 학기에 정말 멋진 교수님의 수업을 듣게 되었다. 사실 수업의 내용은 생각나지 않는다. 과목도 흐릿해졌지만, 분명한 것은 그 교수님의 수업을 들으며 '나도 훗날 연구원을 하면서 대학 강단에서 강의하고 싶다.'라는 꿈을 갖게 되었다는 것이다. 새로 결정한 진로 방향에 따라 석·박사 과정의 공부가 필수라는 생각이 들었고 결국 대학원에 진학하였다.

준비되지 않은 시작과 준비된 시작의 결과

준비되지 않은 시작! 결과부터 말하면, 힘들었다. 어두운 터널 안에서 끝이 보이지 않는다고 느낄 정도로 힘들었다. 대학원 진학을 결정할 때 내가 미리 준비한 것은 아무것도 없었다. 학기가 시작되면서 월요일 아침 1교시 발표 수업을 시작으로 금요일 저녁 세미나까지 3과목의 수업에서 매주 있는 발표 수업과 1개의 공식 세미나를 준비하는 것만으로 나의 일주일과 주말은 너무 짧았다. 아니, 시간이 모자랐다.

그런데 대학원 생활은 수업만 있는 것이 아니라 교수님과 함께 진행하는 프로젝트와 연관된 실험을 중간중간 수행해야 했고, 못하겠다는 말을 입 밖으로 꺼내지 못했다. 그 스트레스와 학업 및 업무의 과중함이 날로 늘어만 갔고, 하마터면 대학원 석사 과정을 그만둘 뻔했다. 한 달 동안 긴 방황을 했으니!

우여곡절 끝에 논문 실험 디자인을 다시 시작하고 졸업논문을 위한 실험에 매진했다. 석사 과정 연구는 지질의 지방산 비와 과산화 지수, 항산화 영양소 등의 조건이 조직의 효소활성도, 심혈관질환에 미치는 영향에 관하여 수행하였다. 식사 중 지방의 섭취 비율이 높을 경우, 비만이나 심혈관질환 등 만성질환에 걸릴 위험도가 높다는 것은 전문가가 아니어도 많이 알고 있을 것이다. 나의 연구는 조금 더 구체적으로 조건을 달리하여 실험동물에 섭취시킨 후 실험군과 대조군을 비교하는 식으로 진행되었다.

기대감 가득했던 나의 대학원 석사 과정은 정말 어두운 긴 터널이었다. 준비가 없는 새로운 시작은 좋은 결과를 낳지 못했다. 다시는 반복하지 않으리라는 생각에 박사 과정 진학은 곧바로 시작할 수 없었다. 사실 너무나도 지친 나머지 공부고 취직이고 아무것도 하기 싫었다.

석사를 마치고 취직을 생각할 때 가장 중요한 결정 요소는 '시간'이었다. 오전 9시에 출근해서 오후 6시 정각에 퇴근하는 연구소라면 어디든지 괜찮았다. 현실적으로 연구소에서의 6시 칼퇴근은 쉽지 않다는 것을 알면서도 근무 조건으로 제시했던 이유는 생각할 시간이 필요했기 때문이다. 공부를 계속할지 말지, 어떤 일을 하고 살아야 할지, 연구원을 정말 평생하고 살 수 있을지 등을 고민할 시간이 필요했다. 하지만 백수로 지내면서 고민할 용기는 없었다.

고민 끝에 두 곳에 원서를 넣고 면접을 보았다. 그중 한양대학교 의과대학은 급여가 적어도 좋으니 칼퇴근을 했으면 좋겠다는 내 제안을 받아들여 주었고, 나는 그곳에서 연구원으로 근무하게 되었다. 근무 시간에는 성실히 연구에 임했으나, 오후 6시가 되면 눈치 보지 않고 퇴근했다.

퇴근 이후 자정까지 하루 최대 6시간씩 1년, 나의 진로 결정에 너무나도 중요한 시간이었다. 진로와 미래에 대해서 매일 생각한 것은 아니지만, 어느 정도 재충전의 시간이 필요했던 것은 분명하다.

많은 생각 끝에 1년 뒤 박사 과정 진학을 결정하게 되었고, 의과대학에서의 실험 조교로 재직하면서 계속 연구를 수행함과 동시에 학업을 병행하기로 했다. 직장과 배움터가 같은 캠퍼스 내에 있었고, 수업 시간에 대한 배려를 받음과 동시에 나의 칼퇴근 시대는 막을 내렸다.

준비된 시작은 달랐다. 야근과 주말의 보충 근무, 수업 준비로 다시 바쁜 날들을 보냈지만, 무엇을 할지에 대한 계획이 명확했다. 준비가 되어 있었기에 오히려 석사 과정 때 느꼈던 어려움은 없었고 도전하는 용기와 앎의 즐거움을 느낄 수 있었다. 정해진 상황에서 이끌려 가는 것이 아니라 적어도 내가 내 삶의 주체가 되어 이끌고 갈 수 있었다.

석사 과정 중에 디자인하여 연구했던 결과물로 SCI 논문을 내는 것은 그 당시 그리 흔한 일은 아니었다. 의과대학에 있으면서 SCI 논문을 많이 접하게 되었고, 박사 과정 입학 후 SCI 논문에 제1저자로 투고하기 위해 논문을 쓰기 시작했다. 누가 시킨 것이 아니라 스스로에 대한 도전이었다. 물론 지도 교수님께서는 논문을 투고하라고 계속 말씀하셨지만, 그때는 와 닿지 않았다.

석사 과정을 졸업하고 1년 뒤 박사 과정 공부를 시작한 초보 연구자인 나는 한 걸음 한 걸음 정말 더뎠다. 혼자 힘으로 첫 시작을 한다는 것에 의의를 두고 정말 열심히 노력했고, 지도 교수님도 수시로 지도해 주셨다. 박사 과정 중 Clinica Chemica Acta라는 저널에 "Effects of two P/S ratios with same peroxidizability index value and antioxidants supplementation on serum lipid concentration and hepatic enzyme activities of rats"라는 논문 게재를 시작으로 Annals of nutrition and metabolism, British Journal of Nutrition 등 다수의 SCI 논문에 내 연구논문이 게재되었다.

의과대학에서는 뇌신경전달물질에 관한 연구, 줄기세포에 관련된 연구를 하였는데 주로 동물실험과 세포실험을 통해 진행되었고, 조직 샘플을 분석하는 실험들이 많았다. 프로젝트의 규모가 크고 관여되는 연구 인력이 많다 보니 10~20명 정도의 교수진과 연구원들이 협업하여 연구를 수행하였다. 식품영양학과에서 소규모의 인원으로 진행한 연구들과는 스케일이 달랐고 실험 기자재들도 최첨단으로 갖추어져 있어 새로운 실험도 원활히 진행할 수 있었으며 시야도 넓어졌다.

꿈을 이룬 것일까? 또 한 번의 결단과 도약

이공계로 진학하여 졸업 후 기업의 연구원으로 취직하여 고액연봉을 받거나 정규직으로 장기근속하는 이들도 많다. 하지만 내가 의과대학에서 근무할 때와 질병관리본부(現, 질병관리청) 생명의과학센터에서 박사 후 연수연구원으로 근무할 때, 근무 조건은 모두 계약직이었다. 물론 계속해서 계약 연장은 가능했지만, 안정적이라는 생각은 들지 않았다.

박사를 마치고 또 계약직의 조건으로 취업을 해야 하나 하는 생각도 있었지만, 인터뷰 시 일주일에 하루 정도 강의하는 것을 허용해 주겠다는 팀장의 말에 일단 질병관리본부 연구원으로 근무하면서 생각해 보기로 했다. 정규직 전환의 기회가 많은지, 또 그곳에서 어떤 연구를 수행하고 있는지 등이 궁금하기도 했다. 비록 정규직 연구원은 아니었으나 꿈꾸던 일을 하고 있었다. 꿈을 이룬 것일까? 연구원으로 근무하며 대학에서 강의하기!

3년 이상 머물러야겠다는 생각으로 입사했지만, 건강상의 이유로 계획대로 되지는 않았다. 한양대학교 부설 연구소인 한국생활과학연구소, ㈜녹색식품안전연구원을 거치며 업무의 변화는 있었지만, 연구계획서 및 보고서를 작성하고, 연구를 수행하고 논문을 쓰는 큰 틀에서 벗어나지는 않았으므로 특별함을 느끼지는 못했다. 사실, 의과대학에서 진행했던 대형 프로젝트는 의과대학의 연구원을 그만두고 나서는 경험하지 못했다.

연구원으로 근무하며 강의를 놓지 않았지만, 결정할 때가 된 것 같았다. 30대 후반이 되기 전에 연구원으로서 장기적으로 근무할 수 있는 큰 기업이나 연구기관에 정규직으로 자리를 잡든지, 아니면 교육자의 길로 학교를 선택해야 한다는 생각이 들었다. 포기하기 전에 스스로 결정하고 싶었다. 어쩔 수 없어서 받아들이는 것이 아니라 내 뜻대로 움직이고 싶었다.

감사하게도 아이는 유치원, 학교에 결석 한 번 하지 않고 잘 다녀 주었고, 시부모님은 적극적으로 육아를 도와주셨으며, 바쁜 엄마로 인해 손길이 덜 가는 것을 아이가 느끼지 못하도록 남편은 최대한 시간을 맞추어 아이와 보내는 시간을 많이 만들며 육아를 함께해 주었다. 다행히도 아이는 아빠와 운동하는 것을 좋아했고 건강하게 자라 주었다. 덕분에 나의 진로에서 밑그림을 수정하고 결단을 내리는 데에는 나 이외의 다른 영향은 크게 고려하지 않아도 되는 상황이었다.

현실을 직시하고 상황을 분석하기 시작했다. 식품영양학을 전공하고 국내에서 박사 학위를 받은 사람은 수도 없이 많았고, 나와 비슷한 경력을 가진 사람 또한 너무나도 많았다. 하지만 언제나 내가 원하는 길로 가고 있다고 믿고 있었던 나는 이번에도 그렇다고 믿고 싶었다.

삶의 키워드 – 노력, 기회, 행운, 현재진행형

나의 꾸준한 '노력'이 드디어 '기회'를 만났다. 그리고 그 기회를 잡았다. 행운을 잡았고, 그 행운은 일상이 되어 버렸다.

2014년 3월부터 연성대학교 식품영양학과 교수로 재직 중이다. 전문대학의 교수는 개인의 연구 활동보다는 학생들의 교육과 취업을 우선으로 생각해야 한다. 학사 학위 전공심화 과정을 통해 대학원으로 진학하는 학생들도 있지만, 취업에 대한 지도를 위해 입학 시 학교 적응에서부터 졸업 후까지 학생의 밀착 지도가 이루어져야 했다. 생각보다 연구에 할애할 시간이 많지 않았다.

임용 후 나는 새로운 일을 접할 수 있었다. 다양한 '기회'가 생긴 것이다. EBS에서 방영되었던 애니메이션 콘텐츠 〈으랏차차 아이쿠〉의 식품영양 부분을 자문하였고, 국가면허시험이나 자격증 시험 등에 관련 전공 분야 문항 출제위원 또는 검토위원으로 위촉되어 참여하기도 했다. 2015년 1월부터는 교정급식 급식관리위원회 위원으로 활동 중이다. 2021년엔『식품위생학』,『조리원리』도 출간하였다. 근무 연수 5년 이상이 되면 도전해 보기로 마음먹었는데 자연스럽게 기회가 생겨서 참여하게 되었다.

어린이급식관리지원센터는「어린이 식생활안전관리 특별법」제21조에 의거하여 어린이 집단급식소를 대상으로 단체 급식의 위생 및 영양관리를 지원하기 위해 설치·운영하는 곳으로, 전국에 231개소(21년 9월 기준)의 센터가 있다. 대개 지자체에서 인근 대학에 위탁하여 운영하는 곳이 많다.

과천시어린이급식관리지원센터는 2016년 7월에 개소하여 현재까지 연성대학교에서 수탁 운영하고 있어 그곳의 센터장을 맡고 있다. 가이드라인에 따라 급식소에 순회 지도를 진행하고 지자체 상황에 맞게 센터 나름의 특화사업을 진행한다.

　그 밖에도 교육부 주관 사업 등 교외 사업의 계획서와 보고서 작성 등을 목적으로 결성되는 TF팀 위원으로 참여하는 등 8년차인 지금도 시간을 쪼개어 바쁘게 살고 있다. 나의 노력, 기회, 행운은 아직도 현재진행형이다.

버티니까

이루는 것

노유정

부산대학교 기계공학부 부교수

✦

부산대학교 기계공학부를 졸업하고, 한국과학기술원 기계공학과에서 석사 학위, 미국 아이와대학(Univ. of Iowa) 기계공학과에서 박사 학위를 취득하였다. 졸업 후 한국기계연구원, 계명대 기계자동차공학과 조교수를 거쳐 현재 부산대학교 기계공학부에서 교수로 재직 중이다. 연구 분야는 데이터 기반 해석과 설계이며, Structural and Multidisciplinary Optimization review editor, 대한기계학회 평의원과 편집 이사로 활동하고 있다.

내가 지금까지 살아오면서 대단한 것을 이루었다고 생각하지 않고, 내가 대단한 사람이라고는 더욱 생각하지 않는다. 여자로서 기계공학을 전공한 것은 다소 평범하지 않은 선택이었고 내가 놓인 여러 상황은 평범하지 않은 경우가 많았지만, 평범하지 않은 일들과 상황을 평범하게 넘기는 데는 부단한 노력이 필요했던 것 같다.

결국 이러한 노력은 내가 속한 공동체에서 잘 버틸 수 있게 하는 힘이 되었고, 지금의 자리까지 오는 데 가장 큰 도움이 되었다고 생각한다. 내가 살아온 길은 다른 누군가의 삶과는 분명히 다르겠지만, 내 이야기가 지금 여러 가지 힘든 상황 속에서 자기 일을 묵묵히 하는 누군가에게 따뜻한 격려와 위로가 되길 바라며 이 글을 쓴다.

버티기의 시작

고등학교에 다닐 때 수학과 물리를 좋아했던 나는 막연하게 기계공학이 내 적성과 가장 잘 맞는다고 생각했다. 마침 입학할 당시 부산대학교 기계공학부는 국책사업 지원을 받아 많은 장학금 혜택이 많았고, 타 학과와 비교하면 취업률도 높아 큰 고민을 하지 않고 기계공학 전공을 선택하게 되었다.

하지만 적성만으로 학과를 선택하는 것은 성급한 결정이었다고 생각하는 데는 그렇게 많은 시간이 필요하지 않았다. 기계공학부에 입학했을 때 가장 많이 들었던 질문은 "(여학생이) 왜 기계공학부에 지원한 거야?"였다. 당시 400명 정원의 기계공학부에서 여학생은 10명 정도 입학했기 때문에

10명의 여학생은 늘 주목의 대상이었고, 남자 선배와 동기들, 심지어 교수님들도 왜 여학생이 기계공학을 전공으로 선택했는지에 대해 늘 궁금해했다.

학문의 특성상 여학생 비율이 낮을 것으로 예상은 했지만, 5%도 안 되는 비율일 줄은 생각지도 못했다(만약 입학 전에 미리 알았더라면 지원을 심각하게 고려해 봤을 수도 있었을 것 같다). 입학할 때 들은 바로는 90년대 초반에 입학했던 여자 선배들은 1~2명 정도에 불과해 생일이면 학과에서 돈을 모아 선물을 사 줄 정도였다고 한다.

학생 수가 많다 보니 주로 분반으로 나누어 수업이 이루어졌고, 한 반에 여학생이 1명 정도이다 보니 혼자서 식사를 하거나, 혼자서 과제와 시험을 준비하는 일들이 많았다. 특히, 고등학교에서 수업과는 달리 대학에서는 수업 시간 외의 시간에는 전공 공부 외에 동아리 활동이나 어학 공부 등 나 스스로 찾아서 해야 하는 일들이 많은데, 여중과 여고를 거쳐 여자 형제만 있는 환경에서 자란 나로서는 초기에 남학생들과의 생활에 익숙하지 않아 남학생들과 적극적으로 어울리려고 노력하지 못했다.

그렇게 1학년을 마친 후, 나는 학교생활에 흥미가 떨어졌고 몇 안 되는 여자 동기생들도 마찬가지로 학과에 흥미를 붙이지 못해 재수하거나 전과를 하는 등 다른 진로를 선택하는 것을 보게 되었다. 이러한 주변의 영향 때문이었는지 나도 다른 동기생들처럼 전과와 재수에 대해 심각하게 고민을 하게 되었다. 하지만 나는 모험보다는 안전성을 더 선호하는 편이었기 때문에 선불리 재수나 전과를 결정하지 못했고, 차라리 전공 공부에 최선을 다한 후 그때도 정말 맞지 않으면 후회 없이 다른 진로를 선택하겠다고 생각하였다.

2학년 교과목들은 주로 역학 중심의 전공 필수 교과목이었고, 수업 내용이 어려운 데다 퀴즈도 자주 있어 대부분의 학생들은 수업을 힘들어했다. 하지만 수학과 물리에 흥미가 있었던 나는 오히려 1학년 교과목보다 재미있었고, 시험에도 좋은 성적을 얻으면서 학과 공부에 흥미를 느끼기 시작했다. 성적이 향상되니 주변의 남학생 동기나 선배들이 나에게 과제와 시험에 관련된 질문을 하는 일도 잦아졌고, 그러다 보니 자연스럽게 친해지게 되었다.

특히, 학부 교수님 중 여학생들의 멘토 역할을 자처하신 분이 계셨는데 자연대 소속 여교수님을 소개해 주셨고, 유학과 취업에 대한 진로 상담을 적극적으로 해 주셨다. 이처럼 학교생활과 공부를 열심히 하다 보니 친한 친구와 선후배도 생기고 교수님들과 가깝게 지내면서 학교에 적응하는 문제는 자연스럽게 해결되었고, 2학년 때 다진 기초 덕분에 3, 4학년 교과목에서도 좋은 성적을 얻어 졸업할 때 우등생으로 졸업하는 기쁨을 누리게 되었다.

지금 돌이켜 생각해 보니, 나의 버티기는 대학 때부터 그렇게 시작되었고, 좋은 친구들과 선후배들, 그리고 교수님들 덕분에 4년을 버틸 수 있었던 것 같다.

대학원에서 버티기

학사 과정에서 좋은 성적을 거두니 더욱 자신감이 생겼고, 졸업 과제로 했던 최적설계에 대한 연구를 깊이 있게 하고 싶어 한국과학기술원 석사 과정으로 입학하였다.

학사 과정과는 달리 연구실이란 공간에서 10명 정도의 석·박사 과정 학생이 함께 매일 생활하면서, 학과 공부나 연구에서 막히는 부분들을 물어볼 수 있는 선배가 있어 편하게 생활할 수 있었다. 하지만 연구실은 최적설계가 아닌 전산해석 분야가 주 연구 분야이다 보니 전산해석에 관한 프로그래밍 업무를 많이 하게 되었다. 처음 원했던 연구 분야의 업무에서 점점 멀어지면서 다시 한 번 진로에 대한 고민이 생기면서, 선배들에게 자주 이렇게 질문을 했다.

"선배는 꿈이 뭔가요?"

지금 생각해 보니 석사 과정 1년차 후배가 박사 과정 선배에게 한 당돌하면서 당황스런 질문을 했던 것은 내가 그런 고민을 많이 할 때 즈음이었던 것 같다. 그 당시 선배들은 명확한 답을 하진 못했는데, 선배들 역시 병역특례로 박사 과정을 진학했지만 나처럼 진로에 대한 명확한 계획은 없었던 것 같기도 하다. 고등학교 때 고민했어야 하는 꿈에 대한 질문은 아이러니하게도 대학원에 와서 나 스스로에게 가장 많이 한 질문이 되었다.

진로에 대해 고민하게 되면서 학교 내부의 진로적성검사를 받게 되었는데 그 결과 1~3위가 모두 미술과 관련된 직업이었다. 사실 중·고등학교 때 미술에 관심이 많았던 나는 미대 진학도 고려하였으나 미술 용품 비용과 학원비 등의 부담으로 집에서는 원하지 않아 포기하였는데, 진로적성검사에서 그대로 나타나는 것이 신기했다. 그 당시에는 열심히 하면 흥미를 느끼고, 또 흥미를 느끼게 되면 열심히 하게 될 줄 알았는데, 내가 진짜 좋아하는 일을 하는 건 또 그것과는 다른 일이라는 것을 그때 처음 느끼게 되었다.

하지만 미술을 하고 싶다고 해서 기계공학 전공을 포기하고 싶진 않았다. 그 당시엔 기계공학과 미술이 융합된 학문을 하면 좋지 않을까 하는 생각에 미국 대학 중 관련 대학을 탐색해 봤지만, 미대에 진학하는 것처럼 포트폴리오 준비가 필요했으므로 현실적으로 준비가 어렵다는 생각에, 최적설계 분야를 주로 연구하는 미국 대학에 진학하기로 결정했다.

안정적인 성향의 내가 미국 대학으로 박사 과정을 가야겠다고 결심한 것은, 지금 생각해 봐도 참으로 신기한 일이긴 했다. 영어를 뛰어나게 잘한 것도 아니고, 어릴 때부터 유학을 꼭 가야겠다고 생각한 적은 더더욱 없었다. 하지만 학사 과정에서 석사 과정으로, 또 박사 과정까지 가게 된 계기는 새로운 환경에서 새로운 사람들과 새로운 것을 더욱 배우고 싶어 하는 내 성향 때문인지도 모르겠다.

석사 지도 교수님의 추천으로 미국 아이오와대학의 최경국(K.K. Choi) 교수님 연구실에 박사 과정을 진학하면서, 학사 과정과 석사 과정에서 느낀 혼란스러움은 점점 사라져 갔다. 기계공학에서의 설계라는 것은 미학적 관점서 말하는 디자인의 개념은 아닌 공학 설계를 말하는데, 공학적인 기능은 갖추면서 경제·사회·심미적인 요소를 포함한 개념이므로, 기계공학에 관한 전반적인 지식이 필요하였다(지금 생각해 보니, 미술에 관한 관심 덕분에 기계공학 분야 중에서도 "Design"을 선택한 것 같다).

특히, 박사 학위 과정에서 연구한 기계 부품/시스템이 포함하는 다양한 불확실성(uncertainty)을 고려한 통계 기반의 최적설계는 학사·석사 과정에서 배웠던 최적설계 개념을 더욱 확장하고, 다양한 산업 분야에 적용할 수 있는 새로운 개념의 설계 방법이었다. 지도 교수님은 최적설계 분야에서 매우 저명하신데, 특히 미팅 시간에는 학생들이 연구하고 있는 내용에 대해 얼마나 이해하고 고민하고 있는지 꼼꼼히 체크하셨다.

물론 그 때문에 매주 미팅을 준비하는 과정이 괴롭기도 하였지만, 석사 과정보다 오히려 박사 과정 생활이 더 즐거웠다. 지금 생각해 보니 그 이유는 지도 교수님이 연구 주제를 강제적으로 주신 것이 아니라, 내가 선택한 연구 주제에 대해 스스로 답을 찾아가는 과정에서 즐거움을 느낀 것 같다. 마치 바닷속에 오랫동안 숨겨져 있던 보물을 내가 처음 발견하는 것처럼, 세상의 어떤 즐거움과는 비교할 수 없는 새로운 기쁨을 맛보게 된 것이다.

버티는 과정은 괴롭지만, 버티는 과정에서의 즐거움이 있었고 그 노력에 대한 결실은 언젠가 나에게 돌아온다는 사실을 박사 과정을 통해 깨닫게 되었다.

아직도 버티는 중

졸업 후, 한국기계연구원에 선임연구원을 거쳐 계명대학교 기계자동차공학과에 임용이 되었고, 기계공학부에 처음 입학할 때의 5%도 되지 않은 여학생 중 하나였던 나는 2011년도 공대에서 처음으로 임용된 여교수가 되었다.

교수가 되면 하고 싶은 연구를 마음껏 할 수 있을 거라 생각했는데, 연구 이외에 해야 할 것들이 너무나 많았다. 수업과 개인 과제제안서는 물론, 학과/공대에서 준비하는 과제제안서 작성, 기업의 과제 수주, 학생들의 연구 지도와 논문 작성, 기업 방문, 학생 진로/취업 지도 등 많은 일이

기다리고 있었다.

　학교에 임용이 된 시점에 결혼을 하고, 바로 아이를 임신하면서 그 부담은 더욱더 커졌다. 특히 임용된 지 1년 후 임신했을 때는 "보통 여교수는 방학 때 맞춰서 아이를 낳아야지 수업에 지장이 없다.", "임용된 지 3년 정도 지난 후 학교에 어느 정도 적응하고 임신을 하지."라고 말을 듣곤, 남성 위주의 사회에서 여교수에 대한 인식이 얼마나 보수적인지 확인하게 되었다.

　공대와 학과에 처음으로 임용된 여교수가 되면서, "내가 잘하지 못해서 다음에 여교수를 뽑지 않으면 어떡하지?"라는 생각이 늘 책임감과 부담으로 자리 잡게 되었다. 여교수라서 그렇다는 말을 듣지 않기 위해 남자 교수님들에게 먼저 다가가려고 노력했고, 어렵고 힘든 부탁을 하더라도 거절하지 못했다. 학생일 때 혼자이기 싫어 학교생활에서 다른 남학생들과 어울리기 위해 부단히 노력했던 것처럼, 교수가 되어서도 남성 중심의 사회에서 스스로 살아남기 위해 계속 노력해야만 했다.

　2015년도에 학교를 부산대로 옮긴 이후에는 더 많은 노력이 필요했다. 기계공학부에서 소수의 여학생으로 받은 관심은, 이젠 학부에 혼자 있는 여교수가 받는 관심으로 옮겨졌다. 60여 분의 교수님 중에서 나는 여전히 혼자 여교수로 고군분투해야 했고, 학부이지만 거의 단과대학 규모의 학부에서 해야 할 일들은 더욱더 산더미처럼 늘어만 갔다.

　연구 성과에 대한 요구는 점점 더 강해지고, 산학과제나 계약학과 운영을 비롯한 산학협력 활동은 물론 국내외 학회 활동은 인적 네트워킹을 하는 데 중요한 일이 되었다. 또한 대학이라는 공동체의 일원으로서 학과와 공대, 대학이라는 공동체를 위해 나 개인을 희생할 필요도 있고, 의무감으로 하는 일도 늘어만 갔다.

하지만 내가 희생하고 양보해서 했던 그 일들은 개인적으로 교육과 연구의 성과로 돌아오거나, 동료/선후배와의 신뢰 관계를 쌓는 데 도움이 되었고, 학생들의 교육과 취업, 그리고 진로 탐색에 도움이 되었다는 사실은 10여 년간의 시행착오를 통해 얻은 값진 경험이었다. 물론 공동체 일 중에 불필요하고 불합리한 일에 대해 당당히 반대 의견을 제시하는 지혜와 용기도 필요한 것은 사실이다. 하지만 이 역시 자기가 맡은 일을 잘하고 공동체의 선한 목표를 위해 희생을 했던 사람이 영향력을 가지고 저항할 수 있다고 생각한다.

남성/여성을 떠나 각자의 전문성을 가지고 최선을 다할 때 직장에서 성별로 인한 편견은 없어지게 되고, 많은 여성 엔지니어가 각자의 전문성을 가지고 각 분야에서 활약했을 때 더 많은 후배 엔지니어가 그 길을 따라 또 새로운 길을 개척해 갈 수 있다고 확신한다.

또한 각자의 분야에서 뛰어난 것도 중요하지만 각자가 속한 공동체의 구성원과 어울리며 서로 협력해 나갈 때 내 개인과 공동체의 발전이 함께 이뤄진다는 것은, 사회생활 경험이 많아질수록 더 많이 느끼게 된다. 돌이켜 보니 남성 중심의 전공에서 살아남기 위해 내가 희생한 것도 있지만, 내가 배려받고 누린 것도 많았기 때문에 내가 속한 공동체 속에서 아직 버티고 있는 것 같다.

다만 내가 경험한 버티기는 그 자리에서 가만히 있는 것이 아니라, 한 걸음 한 걸음씩 앞으로 나아가면서 멈추기도 하고 시행착오로 인해 다시 뒷걸음을 치기도 하지만 과거보다는 더 나아진 모습으로 전진하는 과정이었던 것 같다. 서울대 공대 교수 26명이 집필한『축적의 시간』에서 기술의 혁신을 위해 오랜 기간의 시행착오가 필요하다고 기술된 것처럼, 지금 각자의 분야에서 묵묵히 자신의 길을 가고 있는 여성 공학인들도 각자의 자리에서 가장 빛나는 순간이 오기까지 충분한 축적의 시간이 필요하지 않을까?

나는 남들보다 뛰어난 실력이 있었던 것도 아니었고 자랑할 만한 뛰어난 성과가 있는 것도 아니라고 생각한다. 다만 주변 사람들이 전공과 진로를 바꾸고 다른 일을 찾을 때 나는 꾸준히 내 분야에서 전공 지식을 쌓았고, 석사·박사 과정을 거치면서 묵묵히 내 길을 가다 보니, 다른 사람과의 비교가 아닌 과거의 나보다 더욱 발전된 모습으로 성장한 것 같다. 모든 사람이 천재일 수 없고 항상 탁월한 결과를 낼 수만은 없으므로 시행착오를 겪으면서 살아간다고 생각한다.

다만 시행착오를 겪는 과정에서 경험과 지식을 쌓고 자신 스스로를 믿으며 각자의 일을 묵묵히 성실하게 최선을 다하게 되면, 시간이 흘러 평범한 사람이라도 각자의 분야에서 최고가 되는 것이 아닐까 생각한다. 너무나도 평범한 내가 지금까지 잘 버텨 온 것처럼, 이 글을 읽고 있는 여러분도 때론 누군가의 도움을 받기도 하고 내가 누군가에게 도움을 주기도 하면서 함께 나아가면, 모두가 버틸 수 있지 않을까?

아직 나는 연구자로서, 교육자로서 이루고 싶은 목표가 있고, 그 목표에 이르기까지 얼마나 많은 시간이 필요할지는 모르겠다. 하지만 지금처럼 그 목표를 향해 묵묵히 가다 보면 언젠가 그 목표에 도달할 것임을 믿으며 이 글을 읽는 여러분도 분명히 그럴 수 있다고 확신하며 응원하고 싶다.

노유정

토목하는

여자 사람

문 별

DL이앤씨(舊대림산업) 토목견적팀

◆

서울 서쪽 변두리의 일반중, 일반고를 거쳐 연세대학교 사회환경시스템공학
(토목환경공학)을 전공했고 미국 University of Massachusetts Lowell에서 교
환학생 생활을 했다. DL이앤씨(舊대림산업) 토목사업본부에 입사하여 시흥장
현지구 택지조성공사 현장에서 26개월을 근무했고, 현재는 토목견적팀 막내
사원으로 재직 중이다. 호기심이 많고 새로운 경험을 좋아해서 무언가 배우
는 것과 여행을 즐긴다.

오랜만에 학과 교수님께 전화가 왔다. 여성공학인협회에서 건설 현장에서 일하고 있는 토목엔지니어를 찾는다고 내 연락처를 넘기시겠단다. 집필 참여 제안에 수차례 손사래를 쳤다. 난 이제 막 회사 생활을 시작한 제 앞가림도 못하는 애송이에 불과한데 이 업을 소개하는 글을 쓴다니. 그럼에도 불구하고 집필에 참여하고자 마음을 바꾼 건 두 가지 이유에서였다.

이 책을 읽을 후배분들이 이미 너무 많은 것을 성취한 대선배님들을 보며 느낄 거리감을 좁혀 줄 연결 다리 역할도 필요하다는 편집장님의 말씀, 그리고 그 대선배님들과 글이라도 스쳤으면 하는 나의 사적인 욕심.

짧은 글이지만 이 업에 대해 장점이든 단점이든 내가 경험하고 느껴 온 바를 솔직하게 적으려고 노력했다. 다만 나의 경험이 짧아 후배들에게 더 깊은 식견과 넓은 시야에서 이야기해 주지 못함에 죄송하고 혹여나 내 미흡한 글로 건설회사에 또 다른 편견을 만드는 건 아닌지 걱정도 된다. 이 글이 단 한 명의 궁금증, 오해, 편견이라도 풀어 줄 수 있기를 바랄 뿐이다.

토목환경공학을 전공하고 건설회사에 들어가기까지

나는 토목환경공학을 전공했다. 이 학과에 진학한 이래로 대체 어쩌다가 토목을 하게 되었느냐는 질문을 수도 없이 받았지만, 엄청난 대의나 야망을 품고 왔다거나 한 것은 아니었기에 내놓을 만한 그럴싸한 대답은 없다. 또렷하게 기억하는 한 가지는 나는 고등학교 시절 길을 걸으면서도 '누가 나에게 화학이 어떤 학문이냐고 물어보면 뭐라고 답할 것인가'에 대해 고민하던 지독한 화학덕후였고 화학 관련 학과에 가고 싶었다는 것이다.

고등학생의 내 시선에선 화학, 화학공학, 신소재공학, 환경공학 등이 후보였는데 아무래도 자연과학대보다는 공대가 조금 더 멋있어 보인다고 생각했던 것 같다. 그중에서는 커트라인이 낮아서 환경공학을 택했었겠지. 가서 잘 안 맞으면 약대 준비를 해도 되고. 뭐 그런 느낌이었던가. 사실 '토목'에는 별다른 관심이 없었다. 아마도 고등학생 입장에서 토목공학은 물리, 화학, 생물, 지구과학 어느 한 분야의 관련 학과로 특정할 수 없었기 때문이었을 것이다.

내 성향이 학문적 호기심이 높은 ENTJ여서일까. 환경공학뿐 아니라 토목에 관련된 전공과목들은 배우는 족족 재밌고 흥미로웠다. 구조를 배우면 구조가 재밌었고, 콘크리트를 배우면 콘크리트가, 토질을 배우면 토질이, 건설관리를 배우면 건설관리가 너무 재미있었다(잘했다는 뜻은 아니다).

무엇보다 구조, 재료, 지반, 측량, 수자원 등 분야가 매우 넓고 다양해서 골라 먹는 재미가 있었다고 해야 하나. 살면서 관심을 가져 본 적 없었던 학문이 사실은 내가 화장실을 쓸 때(상하수도), 구글맵을 켤 때(측량), 교량을 건널 때(철근콘크리트/구조), 길을 걸을 때(지반), 항상 곁에 있었다.

우리나라 경제개발을 선두에서 이끈 토목산업, 그 중심에 계셨기 때문인지 이유는 알 수 없으나 학과 교수님들의 유달리 높아 보이던 자긍심도 전공에 애착을 갖는 데에 한몫했던 것 같다. 내가 국내 최초 고속도로에, 최장 현수교에, 최고층 건물에, 한 도시나 국가의 랜드마크에 기여가 있다면 나도 저 자긍심을 이해할 수 있지 않을까, 나도 그런 무언가를 남기면 좋겠다는 생각을 종종 하곤 했다. 그렇게 어느 순간 토목인이 되어 있었다.

왜 하필 건설회사였나?

토목공학을 전공한다고 건설회사에 들어가는 것은 아니다. 건설산업에 종사하고자 한다면 공무원시험을 통해 토목직 공무원이 될 수도 있고, 노로공사나 국가철도공단, 수자원공사 등의 공기업에 들어갈 수도 있으며, 대학원에 진학할 수도 있다. 혹은 건설산업이 아닌 타 분야에도 토목공학과에서 배운 지식을 활용할 수 있는 직업은 많다.

처음엔 공부도 더 해 보고 싶고 가방끈 욕심도 조금은 있었는지 대학원에 가고 싶었다. 구조, 환경, 사업관리 등 토목 내 다양한 분야의 공모전에도 나가 보고 연구실에서 인턴도 했다. 더 배워 보고 싶다는 생각엔 변함이 없었으나 정확히 어떤 공부를 더 하고 싶은지에 대한 확신이 없었고, 무엇보다 경험학문인 토목 분야에서 '경험'해 본 것이 없으니 그럴싸하고 멋진 연구 주제를 정할 수 없겠다는 결론을 내렸다. 현업을 뛰어 보면 알게 되지 않을까 생각했다.

그래서 두 군데의 건설회사에서 아르바이트를 해 보게 되었다. G사에서는 해외 발주처 PM의 비서였고, D사에서는 해외프로젝트 설계팀에서 JV(공동도급사) 엔지니어들을 서포트하는 사무보조였다. 대면 업무는 발주처 PM과, JV 엔지니어들과 했지만 소속은 국내 건설사이다 보니 자연스럽게 대부분의 업무가 그들과 국내 건설사 간 소통에 관련된 것이었다.

수천억대의 건설 프로젝트에서 다양한 국적의 업체들이 국제 기준에 따라 서로 소통하고, 협력하고, 때로는 싸우면서 하나의 목적물을 완성해 나아가는 상호 작용이 대단하고 흥미로워 보였다. 해외 건설 프로젝트에 참여해 보고 싶다는 목표가 생겼고, 이미 여러 국가에서 프로젝트를 수행하고 있는 회사에 들어가는 것이 가장 빠른 방법이라 생각했다. 그렇게 내린 결론은 국내 대기업 건설회사에 들어가는 것이었다.

건설회사에 대한 오해와 진실

건설회사라고 하면 많은 사람들이 '군대식', '수직적 구조' 등의 수식어를 떠올리실 것 같다. 토목공학을 전공한 나조차도 그랬으니까. 이에 대한 답은 맞다 혹은 틀리다가 아닌 '틀려 가는 중'이라고 해야겠다.

오늘날에도 상사의 직장 내 괴롭힘, 부당한 업무 지시, 성희롱 등 불합리한 일을 겪은 사례들이 하루가 멀다 하고 뉴스에 등장하지만 그 배경은 정부기관, 지자체, 공기업, 사기업 혹은 IT/의료/항공/제조/유통 등 주체와 분야가 특정되지 않는다. "건설회사는 남성의 비중이 크니 남성 중심적이고 수직적인 문화가 더욱 만연할 것이다"는 추측이 과거엔 맞았는지 어땠는지 모르겠지만 지금 내가 바라보는 건설회사는 그 말을 틀린 것으로 만들어 가는 중이라고, 그 생각은 편견이라고 말하고 싶다.

분명 건설회사에도 변화의 손길이 늦게 닿는 일부에는 군대식, 수직적 문화에서 비롯된 악습이 남아 있겠지만 이것은 빠르게 문화적인 문제에서 개인의 문제로 바뀌어 가고 있다. 악습은 지워 가고 있지만 소수의 변하지 않은 자들이 남아 있을 뿐이다.

이만큼의 변화를 만들기 위해 희생하고 노력해 오신 선배님들께 감사하고 가까운 미래에 "맹세컨대 건설회사가 남성 위주라는 등 군대식이라는 둥 그건 거짓말입니다!"라고 단언할 수 있길, 나 또한 틀린 것을 틀렸다고 말할 수 있는 용기로 그 미래를 만드는 데 한 수저 보탤 수 있길 바란다.

크기의 함정 : 건설회사에서 여직원으로 근무하는 것

성차별과는 별개로 여직원의 수가 절대적으로 적다 보니 생기는 애로 사항들이 있다. 첫 번째는 여직원이 적은 '여건상' 남자 직원과 동등한 기회를 얻지 못할 때도 있고 때로는 그것이 특혜(?)가 되기도 하는 인사발령이다.

한 사례로 입사 직후 현장을 배정받기 전, 해외 파트 인사담당자는 신입사원 중 두 명이 해외 현장에 가게 될 것이라고 했다. 해외 발령에 의지를 불태우던 나는 손을 번쩍 들고 "그 두 명 중에 여직원이 포함될 수 있습니까?"라고 물어봤고 답변은 "현장 여건상 불가능하다."였다.

여자라서 안 된다는 것이 아니라 해당 현장엔 여직원 숙소가 없는 상태라 여직원을 받을 경우 숙소를 새로 구해야 했고, 마침 주거비가 매우 비싼 곳에 위치해서 준공을 얼마 남기지 않은 상태에서 숙소를 추가로 구할 여력이 없었기 때문이었다. 나의 강력한 의지를 어필하고자 "저는 남직원 숙소를 써도 상관없습니다. 그러니 숙소 때문에 저를 남직원들과 다르게 고려하지 말아 주십시오!"라고 읍소했지만 사실은 나도 어렵다는 것을 알고 있었다.

굳이 여자 직원을 보내서 일을 하나 늘리고, 추가 원가를 부담한다거나 정말 나를 남직원 숙소에 집어넣어 불필요한 리스크를 더할 필요가 없을 테니까. 같은 이유로 모두가 가길 꺼리는 현장에 발령받을 가능성도 적다. 그러다 보니 거꾸로 본사에 발령받을 기회가 상대적으로 많이 생기는데,

이는 종종 특혜로 여겨지기도 한다.

두 번째는 곧잘 일어나곤 하는 여직원들에 대한 일반화이다. 감사하게도 내가 몸담고 있는 회사에서는 여자 선배님들께서 모두 업무 성과나 인격적으로 매우 훌륭하시기에 여직원들에 대한 긍정적인 일반화가 만연하다. 하지만 이것은 곧 부정적인 사례로도 쉽게 일반화될 수 있는 가능성을 암시하기도 한다. '여자 직원들은 결혼하면~', '여자 직원들은 현장에 가기 싫어하고~' 등등.

지금보다 여성이 더 소수였던 과거, 여자 선배들은 일반화의 위협 속에서 얼마나 많은 부담감을 느끼면서 회사 생활을 하셨을지 생각하곤 한다. 무엇이든 일반화하는 것이 인간의 본능이라고는 하지만 건설회사에서 '여자 직원들은'이라고 일반화하기에는 N이 너무 작은데 말이다.

이 두 가지 문제를 해결할 가장 명확한 방법은 N이 커지는 것이다. 모든 현장들에 남자 직원만큼의 여자 직원들이 근무해서 발령에 아무 제약이 없어지고, 수가 너무 많고 다양해서 일반화를 할 수 없을 만큼. 토목과에 입학하는 여학생들이 많아지는 속도만큼 건설산업에 종사하는 여성 엔지니어 수가 증가하지 않는 것이 아쉬울 따름이다. 나도 현장 숙소에서 잠옷만 입고 여자 동료와 시원하게 캔맥주를 마시면서 시답지 않은 이야기들을 떠들 수 있는 날이 오길.

소수의 이점

이 전공을 택한 이후 어디에서나 소수였다. 학과 동기 80여 명 중 여학생은 10명 남짓이었고 현장 TBM에 참여하는 50여 명의 직원과 근로자 중에서도, 본사 토목견적팀 33명 중에서도 여자는 나 혼자다. 이 분야에 동성의 동료가 더 많아졌으면 하는 마음에 위에서는 소수로서의 애로 사항을 이야기했지만, 사실 소수의 이점도 분명 있다.

있는 듯 없는 듯 튀지 않는 것이 최고이던 시절은 가고 지금은 자기 PR의 시대가 아닌가. 소수는 눈에 띄기 마련이다. 내가 나를 알리기 위해 노력하는 것보다 누군가가 나를 더 알아주고, 기억해 주는 것은 나에게 뜻밖의 기회를 가져다주곤 했다. 한 예로, 내가 남보다 유달리 뛰어난 것이 없음에도 감히 이 책의 페이지를 차지하고 있는 것은 내가 소수의 이점을 누리고 있음에 분명하다.

토목직이 현장에서 하는 일

건설회사라고 하면 비전공자들이 가장 많이 헷갈려 하는 것은 건축과 토목의 차이점이다. 건설회사의 토목 파트에서는 도로, 교량, 철도, 공항, 터널, 항만, 초고층건물 등을 짓는 프로젝트를 수행하는데 발주처가 대개 정부기관, 지자체, 공기업 등의 공공기관이라는 점, 모든 프로젝트가 고유하다는 점, 공사 구간이 매우 넓고(혹은 길고) 공사 기간이 3~10년 정도로 길다는 점 등이 대개 정해진 규격의 아파트를 짓는 건축 파트와 구분되는 큰 특징이다.

이러한 토목 현장에서 토목직으로 근무하면 크게 공사, 공무, 설계라는 세 가지 직무 중 하나를 갖게 된다. 공사팀은 공기 내에 공사를 완료하기 위하여 시공계획을 세우고 현장에서 설계에 맞게 시공이 이루어지도록 공사관리를 하며, 발주처 혹은 발주처의 권한을 위임받은 감리에게 성과물에 대한 확인 절차인 '검측'을 받는다. 현장의 과거, 현황, 향후 계획은 물론 도면, 수량, 시방을 꿰고 있어야 하며 관련 공법, 기계, 자재 등에도 해박해야 한다.

공무팀은 주어진 예산 내에서 공사를 수행하기 위해 경쟁력 있는 협력업체를 선정하여 계약을 하고, 성과품을 토대로 발주처에게 공사대금을 청구하며 협력업체에는 공사대금을 집행한다. 추가되거나 변경된 내역에 대해서는 합리적인 근거를 토대로 적절한 공사금액을 산정하고 발주처 및 협력업체와 변경계약도 해야 한다. 이외에도 실질적으로 '돈'에 관련된 모든 업무에 관여하고 책임을 갖는다. 이러한 역할을 위해 현장에서 이루어지는 공사 내용은 기본이고 발주처의 공사비 산정 기준, 사내의 예산 및 회계, 집행 절차 등을 알아야 하며 건설산업기본법, 하도급법, 국가계약법 등의 관련 법령들도 공부해야 한다.

설계는 공사 진행 중 다양한 이유로 변경되거나 추가된 공사 내용에 대해 상세한 경위, 도면, 수량산출서, 내역서 등을 작성하여 발주처에 보고한다. 발주처와의 협의를 통해 변경된 내용에 대한 책임 소재를 가려내고 추가공사비에 대한 승인을 받음으로써 대외적으로 돈을 벌어 오는 역할이라고 할 수 있다. 역시나 현장에서 이루어지는 공사 내용을 기본으로 설계도서를 꾸리는 것은 물론 설계된 공사비로 실제 집행은 가능할지에 대한 판단까지 할 수 있어야 한다.

모두 하는 일은 다르지만 서로 긴밀하게 소통하고 협력함으로써 공기를 준수하고 가장 적은 원가로 가장 높은 품질의 성과물을 만들기 위해 노력하는 것이다.

나의 장래희망, 사업관리자

　내 꿈은 유능한 사업관리자가 되는 것인데, 이것은 사업관리자의 위치나 역할을 뜻하는 것이 아니라 일을 바라보는 자세나 태도를 뜻한다.

　사업관리 분야의 교과서격인 PMBOK에서는 프로젝트 관리를 통합, 범위, 시간, 원가, 품질, 인적자원, 의사소통, 리스크, 조달, 이해관계자 10가지 영역으로 나누고 있으며 그중 사업관리자가 가장 시간을 쏟아야 하는 영역은 인적자원관리라고 말하고 있다. (내 해석에 따르면) 한 사람이 10가지 모든 분야에서 전문가가 될 수는 없기에 누가 어느 분야의 전문가인지, 내가 필요한 정보를 어디서 얻을 수 있는지 아는 것이 가장 중요하다는 것이다.

　시야가 좁고 관심이 없으면 내가 무엇이 필요한지 모르고, 소통하지 않으면 정보를 얻을 수 없으며 '무엇'에 대한 지식이 없으면 정확한 정보를 가려낼 수 없다. 즉 내게 사업관리자란 곧 넓은 시야, 새로움과 변화에 대한 적극성, 주변과의 소통, 유연한 사고, 배우는 자세를 가진 사람을 뜻한다.

　특히나 경험학문이라고 불리는 토목에서는 평생 현장에서 일한 근로자보다 작업에 대해 더 잘 알 수 없고, 설계사보다 설계를 더 잘 알 수 없으며, 전문 업체보다 전문공종을 더 잘 알 수 없다. 토목뿐만 아니라 건축, 전기, 기계, 금융, 회계도 알아야 한다. 그렇기에 항상 겸손해야 하고, 공부하고, 물어보고, 배워야 한다.

10년, 20년 뒤 내가 어느 위치에서 어떤 역할을 하고 있을지는 모르겠다. 하지만 어디에 있든 고이지 않고, 자만하지 않고, 배우고, 소통하는 모습이었으면 한다.

글을 마무리하며

건설 현장에서 일하는 토목엔지니어라고 하면 근로자들에게 카리스마 있게 업무 지시를 하고 프로페셔널하게 도면과 공법을 검토하는 모습을 상상했던 적도 있지만, 현실은 다를 때가 많다. 때에 따라서는 눈도 쓸어야 하고, 도로에서 신호수 노릇도 해야 하고, 맨홀에 들어간다거나 강풍에 날아간 펜스도 세워야 한다.

작업복을 입고 엉거주춤 뛰어다니는 내 모습에 길을 지나던 누군가는 자식에게 "너도 공부 안 하면 나중에 저 언니처럼 되는 거야."라고 했을지도 모르겠다. 하지만 나는 안전모에 안전화를 신고 진흙투성이의 포터를 몰고, 플라스틱 방호벽을 넘어 다니면서 속으로 '엇, 지금 나 좀 멋있네!'라며 조금은 우쭐한 기분까지 느끼곤 했다.

지금의 나는 여느 회사원처럼 평상복을 입고 서울 한복판에서 하루 종일 컴퓨터 앞에 앉아서 근무를 한다. 하지만 현장에서의 경험에, 혹은 그런 경험을 할 수 있다는 사실에 우쭐함이 아니라 창피함 내지는 회의감 같은 것을 느낀다면, 본사에 앉아서라도 이 업을 진정으로 좋아하고 즐길 수 있을까.

샌프란시스코를 여행한 사람들에게 무엇이 기억나느냐고 물으면 실리

콘밸리가 아니라 금문교라고 한다. 지금도 우리나라 건설회사들은 세계에서 가장 긴 현수교를, 네팔에 댐을, 싱가포르에 지하철역을, 필리핀에 고속도로를, 강남한복판에 거대한 지하세계를 만들고 있고 그런 건설회사에서 토목직으로 일한다는 것은 그게 내가 기획한, 설계한, 견적한, 수주한, 공사한, 예산 관리한 작품이 될 수 있다는 것을 의미한다.

　세계적인 토목구조물들을 보며 "아, 나도 죽기 전에 저런 거 하나 해야 하는데…"라는 생각이 들 때면 내가 길을 잘못 선택하진 않았구나 싶다. 나처럼 이런 사실에 두근거림을 느끼는 사람이라면 토목환경공학과는 비인기학과라는, 토목산업은 전망이 어둡다는 주변의 오지랖에 주저하지 않고 도전해 봤으면 한다. 나의, 내 직업의 전망은 내가 만드는 것이고 남의 꿈을 꾸면(borrow), 이뤄도 갚고 나면 제 것이 아니다.

한 발짝씩 내디딘 걸음
어느덧 20년

박하영
일동제약 HS팀장

✦

덕성여자대학교에서 제약학을 공부하였고 성균관대학교에서 약학 석사 학위를 취득하였다. 2001년 일동제약 PM팀에 입사하여 내분비계, 순환기계 전문 의약품의 마케팅을 담당하였다. 이후 학술팀, 개발본부 등을 거치면서 의약품 임상개발을 기획, 매니징 업무를 수행하였다. 2016년부터는 건강기능식품 개발부터 판매까지 관장하는 HS팀장을 맡고 있다. 2018년부터 차의과학대학교 의학과에서 통합의학을 전공하였고, 올해 8월 박사 학위를 취득하였다.

엄마 말 잘 듣던 착한 아이

어느 평범한 중고생들처럼 뚜렷한 꿈이 있었던 것은 아니었다. 가정주부인 엄마는 헌신적으로 학창 시절의 나를 챙기셨고 덕분에 부족함 없이 자랐으면서도 막연히 '난 엄마처럼 살지 말아야지, 평생 내 일하며 살자.'고 생각했을 뿐이었다. 어릴 때부터 책 읽는 것, 영화 보는 것을 좋아했었고 학창 시절 토론하는 동아리에서 많이 놀았던 것을 떠올리면 인문학 쪽의 적성이 더 맞았을 것도 같지만, 고등학교 때 영어가 너무 싫어서 불쑥 이과를 선택하였다.

대학 입학시험 때도 공대, 약대, 의상학과 아주 다양한 과에 원서를 쓰고 엄마가 선택해 준 약대로 큰 생각 없이 진학했던 것 같다. 요새 청소년들은 자기 주관이 어릴 때부터 강하다고 하던데 지금 생각해 보면 내 미래를 결정할 수도 있는 큰 선택 중 하나였음에도 그저 즉흥적인 결정을 했던 것 같다. 여성들이 대부분이었던 과였으니 차별도 덜하지 않을까 막연히 생각하였다.

대학 시절 내내 한의사약사 분쟁에 휘말려 학기 중엔 데모하고 방학 땐 수업을 들으며 정말 정신없는 대학 생활을 보냈던 것 같다. 나름 4년의 대학 생활을 열심히 지냈으나 대학 4학년 때 IMF 외환위기가 터지며 좌절의 시간을 보냈다. 신입사원을 뽑는 기업이 전무하다시피 하였다. 약사 국시를 통과하여 약사가 되었음에도 갓 학교를 졸업한 나를 찾는 곳은 없었다.

졸업 시 취득한 학점이 170학점을 훌쩍 넘을 만큼 성실하게 대학 생활을 보냈지만 사회경제 환경으로 일할 곳이 없었던 우리들, 최근 경제성장이 둔화되면서 치열한 학창 시절을 보내고도 몇 백대 일의 경쟁률을 뚫어야만 일할 수 있는 요즘 친구들을 이해할 수 있는 세대일 것 같다. 열심히 살아왔지만 고생도, 좌절도 많이 했었던 20년의 사회생활, 주변에서 흔히 볼 수 있는 친구 혹은 언니의 마음으로 나의 경험을 얘기해 보려 한다. 주어진 환경에서 최선을 다하고 있는 평범한 누군가에게 격려가 되고 용기를 줄 수 있으면 좋겠다.

새로운 일이 두려움이 아닌 설렘으로...

안산의 작은 약국에서 첫 사회생활을 시작하게 되었다. 아주 작은 약국이었기에 출근하여 약국 문을 열고 청소하며 하루를 시작하였고, 농수산 시장의 상인들에 녹아들어 그들의 희로애락이 담긴 얘기를 들으며 하루를 보냈다. 의약분업 전이었기에 여러 단골 상인들에게 약을 처방 조제하며 그들이 나으면 같이 기쁘고 아프면 같이 안타까워하였다. 이렇게 보냈던 1년 역시 보람되었지만 좁은 약국에서 혼자 일하는 환경이 아쉬워 대학원 진학을 결정하였다.

모교보다는 새로운 환경에서 공부를 다시 시작하고 싶어 낯선 학교의 새로 부임하신 교수님의 연구실에서 다시 공부를 시작하게 되었다. 이 석사 과정 2년 동안 나의 인생을 관통하는 많은 것들을 배웠다. 젊은 지도 교수님과 함께 깨끗한 연구실에 실험 기자재와 기기들을 하나하나 구입하고 세팅하면서 석사 과정 신입생이지만 연구실의 여러 실험 프로세스를 만들고 프로젝트를 직접 관리하는 소중한 경험을 할 수 있었다.

짧은 2년 동안 다른 학교, 다른 연구실에 파견 다니며 모르는 이들에게 많은 실험 과정을 배우고 이를 우리 연구실에 세팅하면서 전혀 경험 없는 새로운 일에 대한 두려움이 없어졌다. 선배들이 많은 연구실이 처음에는 부러웠지만 모르는 일이라도, 해 본 경험이 없어도 어디에서 누구에게라도 배워서 내 것으로 만들 수 있다는 자신감이 이 시절에 자연스럽게 생겼던 것 같다.

내가 하고 있는 일을 제대로 이해하고 있어야 뜻하지 않은 문제가 생겨도 이를 해결할 수 있다. 원래 존재했던 프로세스대로 배워서 하는 일은 쉽고 빠를 수 있어도 스스로 그 프로세스를 만들었던 일은 전 과정이 온전히 나에게 축적된다. 창의력, 응용력이 생겨 위기가 오더라도 이를 극복할 수 있는 실력이 된다.

젊은 시절은 배우는 때이고 실패하더라도 주변에서 이해해 주는 시기이므로 이때 스스로 새로운 일을 많이 접해 보고 스스로의 힘으로 과정을 만들어 보는 경험을 많이 해 보라! 두려워할 이유가 없다.

상식대로 선택하고 상식대로만 진행하기도 어렵다

석사 과정을 마치고 제약회사 Product manager팀에 입사하여 당뇨병 신약을 런칭하고 마케팅하는 업무를 맡았다. 전문의약품 마케팅은 그 대상이 의사, 약사 등 전문가를 대상으로 하므로 임상적 전문 지식 및 커뮤니케이션 능력을 통해 시장에서 해당 약물의 가치를 높이는 마켓 리더의 역할을 하는 것이다. 같이 졸업한 동기들은 거의 대부분 제약연구소 파트로 입사했지만 마케팅 직무가 멋지게 느껴졌던 나는 또 새로운 선택을 하였다.

새로운 기전의 신약을 의사들에게 소개하고 출판된 문헌들을 기반으로 적절한 치료 대상, 치료 패턴을 알려 신약의 사용을 돕는 역할을 주로 하였고 이를 위해 런칭 후 1년간 100회 이상의 세미나를 진행하였다. 전국 대부분 병의원에서 신약이 환자들에게 처방되고, 100억 이상의 매출 목표도 달성하였다.

그 이후에도 크고 작은 의약품의 PM으로서 역할을 하면서 기존 시장을 변화시키거나 틈새시장에 진입할 만한 제품의 콘셉트를 찾고 이를 전문가 고객에게 인지시킬 전략을 기획, 실천하여 마켓 점유율이 올라가는 경험을 할 때의 짜릿함은 평소 업무의 고됨을 잊게 하였다.

의약품 허가 및 사후관리 규제가 점차 발전하면서 국내 제약회사에서도 임상 개발 업무가 주요 분야가 되었고, 다니던 회사에서도 임상 파트가 신설되었다. 평소 의약품 개발 업무에도 관심이 많았던 차라 이 파트에 지원하였고, 고맙게도 회사에서 관련 경험이 부족한 나를 허락하였다.

당시만 하더라도 국내 제약회사에서 관련 업무 경험이 부족하였었고 또 맨바닥에서 업무 매뉴얼과 프로세스를 만들어 나갔다. 해외의 가이드라인과 국내 규제들을 참고하고 외자계 제약회사의 선배나, 식약처 공무원들에게 수시로 도움을 받아 가며 업무를 성공적으로 수행하였다.

이즈음 회사의 임원이 교체되면서 경력직들이 많이 입사하게 되었다. 한 회사에서 꾸준히 여러 업무를 진행해 왔던 나는 이때 좀 두려움을 느꼈었다. 의약품 개발, 임상 업무는 매우 전문적인 직무로서 다양한 신약 임상 프로젝트를 진행해 본 경험이 절대적으로 중요하다고 생각했고, 새로 입사하는 화려한 경력의 동료들을 보고 잠시 주눅이 들었던 것도 사실이다.

하지만 같이 수개월간 프로젝트에 함께 참여하면서 느낀 점은 모든 업무는 디테일한 경험에 의한 것보다는 상식적으로 판단하는 것이 중요하다는 점이었다. 오히려 사람 간의 커뮤니케이션 오류, 개인의 욕심 등이 잘못된 판단을 하는 주요 원인이었음을 알게 되었다.

또한 올바른 전략이 수립되더라도 열정으로 기한 내에 그 업무를 수행해 내는 것도 매우 어려운 일이다. 여러 다른 경험과 생각을 가진 동료들과 한 전략 안에서 수시로 변동되고 리스크가 생기는 환경을 믿고 꾸준히 열정을 가지고 함께 프로젝트를 진행하는 일, 방법은 누구나 알고 있는 듯하지만 막상 실천하고 해내기는 어려운 일들이 너무도 많기 때문에 나는 전문성, 많은 경험을 가진 이보다는 열정을 잃지 않고 답을 찾아가는 이들을 선호한다.

제아무리 전문가이고 경험이 많더라도 프로젝트를 진행하다 보면 많은 우여곡절이 생기고 답이 보여도 실천하기 어려운 상황에 직면하기도 한다. 상식대로 선택하고 상식선에서 업무를 진행하는 것도 매우 어려운 일이다. 열정만 있으면 못할 일이 없다고 생각한다. 할 수 있다는, 내가 하겠다는 열정이 있으면 그 사람은 금세 전문가가 되어 있을 것이다.

개발자 출신의 유리함

5년 전에 나는 또 다른 선택을 했다. 개발 본부에서 10개가 넘는 신약 프로젝트를 기획하고 관리하던 차에 회사에 건강기능식품 사업팀이 신설된 것이다. 의약품 시장의 성장이 정체하고 있고 셀프 헬스케어 시장이 커질 거라 예측하면서 각 사업부에서 인원을 차출하여 팀을 신설하였다. 친분이 있는 임원이 나를 추천하면서 또다시 맨바닥의 새로운 업무를 시작하게 되었다.

이미 새로운 분야의 업무에 대한 두려움은 없었다. 건강기능식품 관련 법률, 규제부터 파악하고 시장 상황, 경쟁사 조사 등 정보를 수집하여 우리 회사에 맞는 콘셉트를 찾고 신규 브랜드 런칭을 준비하였다. 의약품과 비교했을 때 규제가 덜해 더욱 가속도가 붙었다. 8개월여 만에 20개 이상의 신제품을 출시하면서 신규 브랜드를 런칭하였고, 4년이 지난 지금은 400억 정도의 매출을 창출하고 있다.

고객을 대상으로 마케팅을 하려면 자사의 제품뿐 아니라 고객의 제품과 산업에 대한 이해도가 높아야 한다. 우리 제품의 어떠한 특징이 고객에게 어떠한 전환을 일으키고 영향을 미치는지 이해시키는 것이 중요한 요소이다. 그래서 마케터들 중에 나처럼 이과 계열, 개발자 출신이 많기도 하다.

제품이나 기술에 대한 이해도가 높은 개발자들이 기획력이 좋고 전략 수립에 유리한 점이 분명히 있다고 생각한다. 물론 고객에 대한 이해도나 대범함 등이 상대적으로 부족할 수는 있다. 이를 동시에 가지면 금상첨화이겠으나 이것은 공부하는 것으로 되는 것은 아닌 듯하다.

스스로를 사랑하자! 나는 내가 챙긴다!

보수적인 제약회사답게 입사 당시 여자 사원이 별로 없었다. 입사 1년 만에 우리 팀의 모든 여자 선배들이 여러 이유로 사직하였다. 회사 내에서 첫 여자 대리, 첫 여자 과장 등등 왕언니 자리는 내 차지였다. 결혼을 하고 출산을 하면서 많이 힘들었지만, 가족을 비롯한 주변의 여러 도움으로 회사 생활을 계속할 수 있었다.

지금까지는 내가 여성이었기 때문에 오히려 기회가 많았던 것 같다. 물론 아직까지 우리 사회의 유리 천장은 분명 존재하지만 여성들이 잘하는 공감능력, 커뮤니케이션 능력, 멀티태스킹 능력 등을 인정받았던 것 같고 선후배, 동료들이 많은 기회를 제공하였다. 우스갯소리로 여성은 결혼하면 멀티태스킹 능력이 저절로 생긴다고 하는 것처럼 직장과 가정, 육아를 모두 하면서 인내와 포용력이 많이 생긴 것 같다. 이런 것이 직장 내 커뮤니케이션에도 도움을 주었다고 생각한다.

두 아이가 어릴 적을 생각하면 아직도 힘들었던 기억이 아득하다. 힘들 때일수록 나를 더 사랑하고 챙겨 줘야 한다. 남이 챙겨 주길 기대하면 더 실망하고 상대를, 상황을 비난하는 나를 보게 된다. 이렇게 버텨 온 결과, 사랑하는 가족들과 든든한 동료들이 주변에서 항상 나를 돕고 있다. 사회에서도 직장에서도 스스로 원하는 것을 잘 찾고 스스로 챙겨 가며 스스로 자기 자리를 찾아야 한다. 누구도 나를 챙겨 주지 않는다. 스스로 나를 사랑하다 보면 자신감이 생기고 그래야 남들도 나를 인정하고 도와주게 된다.

20년 동안 한 회사의 다양한 부서에서 최선을 다해 살았다. 아직도 갈 길이 멀고 하고 싶은 일이 많지만 한계를 두지 않고 즐기고 싶다.

진심과 열정으로 일궈 낸

담대한 도전

이소연

한국전자통신연구원 책임연구원

✦

이화대학교 통계학과를 졸업하고 서울대 계산통계학과 석사 학위를 취득한 후, 1994년부터 한국전자통신연구원에서 27년째 근무하고 있다. 연구 초반에는 통신시스템의 신뢰성 분석 및 망관리기술 개발을 주로 하다 신성장동력 IT839 명목하에 지원된 연구에 참여하면서 자동차와 정보통신기술 융합 분야 표준을 주도하였다. 2015년 고려대학교에서 컴퓨터정보학 박사 학위를 받는 기점으로 VR/AR의 핵심인 휴먼 자세 및 위치인식 기술을 연구하며 세계위치인식대회를 운영하는 리더십을 확보하였다. 한국자동차공학회 여성위원회와 여성과학기술총연합회 이사 참여 등을 통해 이공계 여성 후배 양성을 위해 적극적으로 활동하고 있다.

독(讀)한 청소년기

지금 돌이켜 봐도 신기하다. 어릴 때부터 내 주변에는 전공이나 진로에 대해 조언해 줄 수 있는 멘토가 없었다. 조용하고 내성적인 성격으로 친밀한 사제 관계도 맺지 못했고, 학교를 제외한 타 그룹에 속해 본 적이 없어 기타 사회적 활동도 전무했다.

인터넷도 없던 시절에 나의 가치관과 생활양식을 형성시켜 준 것은, 활자중독에 가까운 습관으로 읽어 나간 책과 미디어(TV, 신문 등)를 통해 접한 지식과 정보였다. 세계명작전집, 위인전, 현대문학전집 등을 읽으면서 배운 가치관과 삶의 모습은 '나라는 존재가 이 세상에 선한 영향력을 끼치려면 어떻게 해야 하는가?' 하는 목적의식을 일깨워 주었고, 나의 삶에 보이지 않는 기준이 되어 언제 무엇을 해야 하는지를 시의 적절하게 안내하는 길잡이가 되어 주었다.

중고교 시절에는 암기량이 절대적으로 많은 문과 공부보다, 원리와 수식에 기반하여 문제를 해결해 나가는 이과 공부에 훨씬 더 재미를 느껴서 물리와 화학을 내학 입시 과목으로 선택할 정도였다. 또한, 외국어에 대한 욕심이 있어서 AFKN 라디오를 배경으로 공부하고, '가사' 과목보다 '독일어'를 택하였고, 일본어 또한 틈틈이 익혀 두었다.

대학 진학 시 원래 하고 싶었던 전공은 화학이었다. 어린 시절 생각했던 과학자의 전형적인 모습은, 하얀 가운을 입고 실험하는 모습이었기 때문이었던 것 같다. 그러나 고2 수학 시간에 경우의 수로 시작되는 확률, 통계 개념에 큰 재미를 느끼면서 전공 선호도가 서서히 바뀌었다.

데이터를 수집하고 이를 분석해서 자연적·사회적 현상을 설명하고 예측할 수 있다는 설명이 호기심을 유발하였다. 아무도 알려 주는 이 없었으나, 직감적으로 화학 전공보다 통계학 전공의 취업 가능성이 더 높을 것 같다는 근거 없는 생각도 한몫했다.

오롯이 혼자서 대학과 전공을 선택하고, 대학원 진학을 당연하게 생각하여 학창 시절 내내 도서관에서 살았던 것을 생각하면, 나는 원래 공부하는 것을 좋아하는 사람이었던 것 같다. 내가 현재 갖고 있는 조건과 처한 여건보다 조금이라도 나은 상황으로 나아가고자 하는 열망은 지금의 '나'를 만든 가장 큰 원동력이다.

다음 걸음을 어디로 내딛어야 할지 모르는 상황에서도 진심으로 열정과 성의를 다하면 길이 생기고, 그 길로 걸어갈 수 있는 담대함이 솟아올랐다. 이 글은 그러한 모습을 단적으로 보여 주는 사례로, 지금 현재 하고 싶은 것이 있으나 주저하고 있는 분이 있다면 열정을 갖고 과감하게 시작해 볼 것을 권하고 싶다.

첫 번째 도전: 세계 '최초'에 도전해 보자!

석사를 마치고 대덕 연구단지에 위치한 한국전자통신연구원에 입소하여 8년간 주어진 연구 업무에 매진하다가 결혼하고 출산을 하며 2년의 휴직 기회를 가졌다. 2년의 휴직 후 2004년에 연구소로 복귀하여 신성장동력 추진을 위해 기획된 IT839의 주요 기술 중 하나인 텔레매틱스 연구 개발에 참여하게 되었다. 최신 정보통신 기술을 전통적인 산업과 접목하는 기술 융합의 시대가 열리면서 그때나 지금이나 새로운 시장과 서비스가

창출될 것으로 기대된 기술 도메인은 바로 자동차 산업이다

텔레매틱스 기술은 자동차라는 모빌리티 단말에 이동통신을 이용하여 인터넷 도메인에 접속함으로써 다양한 차량 내 서비스를 제공하는 것을 목표로 한다. 텔레매틱스 서비스는 자동차 제조사에서 직접 제공하는 BM(Before Market) 서비스와 그 외 제3자 사업자에 의해 제공되는 AM(After Market) 서비스로 구분된다.

당장은 아니었지만, 미래 먹거리 시장을 선점하기 위해 BM 사업자와 AM 사업자 간의 기술 경쟁이 불붙기 시작한 2000년대 초반에, 해당 기술의 적용 영역을 넓히고 시장을 성장시키는 데 필요한 연구 항목을 탐색하던 중에, 자동차 내부에 있는 차량 내부 네트워크와 차량 외부 네트워크 간에 서로 정보를 교환하기 위한 통신 게이트웨이 표준이 필요함을 인지하게 되었다.

(구)정보통신부의 지원에 힘입어, 약 1년여 동안 사전 조사와 업계 전문가들과의 교류를 통해 구체적인 표준화 범위를 정한 후, 여러 경쟁 단계를 거쳐 독립적인 표준화 과제를 수주하게 되었다. 이는 내가 처음으로 과제 책임자로서 역할을 하게 된 과제였다. 일반적인 기술 연구 과제와 달리, 표준화 과제는 관련 국제·국내 표준화 기구에서 얼마나 많은 기고문을 제출해서 표준 제정에 반영했는지를 가장 큰 성과로 평가한다.

과제를 시작하면서 가장 큰 난관은 차량 내부 네트워크와 외부 네트워크 간 정보 교환에 대해 표준화를 진행하는 국내외 기구가 전무하다는 것이었다. 나는 직감적으로, 앞으로 이 분야는 관련 기술이 산업화하기 위해 반드시 필요한 일이라고 판단했다. '표준화를 진행할 관심 그룹이 없다면, 내가 그 장(場)을 만들어 보자!'

우선, 자동차 내부에 어떤 네트워크가 구성되어 있고 어떤 종류의 정보가 유통되고 있는지 파악하기 위해 자동차 도메인에서 출발하기로 마음먹었다. ISO TC22는 Road Vehicles, 즉 도로차량에 대한 표준을 만드는 국제표준기구이다. TC22 산하의 부속 기술위원회인 SC3 WG1에서는 전기 및 전자시스템 분야에서도 차량 내부에서 사용되는 데이터 통신에 대한 표준을 개발하고 제정하는 워킹그룹이었다.

2007년 4월, 독일 슈투트가르트에 있는 다임러 본사에서 일주일 동안 ISO TC22 SC3 WG1 회의가 열렸다. 다임러, 베엠베, 폭스바겐, 아우디를 비롯한 전 세계 자동차 제조사와 Tier 1 회사인 보쉬, 컨티넨탈 등에서 온 전문가들이 대거 참석하였다. 놀랍게도, 나는 WG1 회의에 최초로 참석한 한국인이었으며, 유일한 여성 참가자였다.

'저 조그만 아시아 여자가, 그것도 자동차제조사가 아닌 정보통신 연구기관에서 무엇 때문에 이 회의에 온 것일까?' 하는 듯한 표정으로 바라보던 참가자들의 그 시선이 아직도 뇌리에 생생하다. 대한민국을 대표해서 처음으로 참석한 국제표준 회의였기에, 나는 사소한 것에도 신경을 썼다. 똑 떨어지는 정장을 갖춰 입었고, 매일 8시부터 저녁 6시까지 진행된 회의에 한 치의 흐트러짐 없는 자세로 적극 참여하였다.

WG1 참가자들 대부분은 적게는 5년, 많게는 10년 넘게 해당 표준화 그룹에 지속적으로 참여해 온 전문가들로, 회의 중에는 각자가 대표하는 국가와 회사의 입장을 대변하기 위해 치열하게 논쟁하고 다투었으나, 회의 후에는 다 같이 먹고 마시면서 친목을 다진 사이여서 그 유대감이 상당하였다.

평소 나는 운이 없는 편이다. 그 흔한 경품 한번 당첨된 적 없고, 가끔 시험에서 모르는 것을 찍는 경우에도 늘 내가 예상했던 것보다 더 나은 결과가 나온 적이 없었다.

그 회의에 참석하기 직전 주에 나는 미국 디트로이트에서 열린 자동차 공학회 회의(SAE Congress)에 참석하였다. 그중 나는 자동차 구조 및 데이터 통신 세션에 주로 참가했는데, 마침 내가 관심을 갖고 있던 주제로 발표하는 사람이 있어서 세션이 끝나고 난 후 이런저런 질문을 하며 서로 명함을 나누었다.

WG1 회의장에 처음 들어서서 Roll call(출석조사)을 할 때, 정말 깜짝 놀랐다. 바로 그 발표자가 WG1 회의에 참석한 것이었다. 더군다나 그분은 WG1 내에서 다수 표준의 개발 및 제정을 주도하며 가장 큰 영향력을 행사하는 사람이었다. 회의 첫 시간이 끝나고 잠깐 쉬는 시간에 그 전문가가 나에게 먼저 다가와 악수를 청해 주었다. 이 제스처는 이후 내가 WG1에 성공적으로 안착하는 데 큰 도움을 주었다.

자동차 안에는 ECU라고 하는 일종의 작은 컴퓨터가 수십 개 장착되어 있으며, 이들 간의 데이터 송수신을 위한 차량 내부 네트워크가 구성되어 있다. WG1의 주요 표준화 범위는 차량 내 배출가스와 관련된 다양한 부품을 진단하고 이를 외부 진단 스캐너를 통해 표출하기 위한 데이터 타입, 프로토콜, 서비스에 국한되어 있었기에, 자동차 외부와의 연결성은 전혀 고려되지 않았다.

텔레매틱스(또는 자동차ICT융합기술)에서 필요로 하는 서비스 개념에 대해 너무나도 잘 알고 있던 나는 마치 10년 후 미래에서 과거로 되돌아간 듯한 느낌으로 회의에 참석했던 것 같다.

첫 번째 회의를 다녀와서 나는 WG1에서 개발되고 있는 표준안들을 몇 개월에 걸쳐 면밀히 분석하였고, 외부 네트워크와 연결하기 위해 필요한 필수 표준화 범위를 크게 3가지 항목으로 정의하였다. 그리고 정확히 1년 후 4월 WG1에서 정식 기고문으로 채택되어 발표하는 기회를 얻을 수 있었다.

목소리가 워낙 작고 단조로운 톤이라 평소 발표를 그리 임팩트 있게 하지 못했던 나는, 자신감 넘치는 모습으로 발표를 진행하기 위해 수십 번씩 원고를 읽고 목소리의 높낮이까지 맞춰 가면서 연습에 매진하였다.

전통적으로, 자동차 도메인에서 신기술을 대하는 자세는 지극히 보수적이다. 나는 자동차에서 실현될 미래 기술의 방향과 가치에 대해 말하고, 이에 대한 시장의 니즈가 촉발될 것임을 언급했다. 어차피 나아가야 할 방향이라면 발상을 전환하여 자동차제조 도메인 입장에서 이 기술을 주도하고 통제하는 것이 필요하며, 이를 통해 훨씬 더 큰 베네핏을 갖게 될 것임을 강조하였다.

결과적으로, 발표는 대성공이었다. WG1 의결에 의해, 나는 지능형 교통 시스템 표준화를 주도하는 ISO TC 204와 ISO TC 22 SC3 WG1 사이의 표준화 협력 대사관의 역할을 하는 Liaison 전문가가 되었고, 매 회의마다 진행 사항을 의무적으로 보고하고 의견을 조율하게 되었다. 2008년, 나는 세계 최초로 자동차 내부와 외부를 연결하는 국제 표준화의 장을 탄생시켰다.

두 번째 도전: 세계 대회, 어렵지 않아!

7년이 넘는 기간 동안 국제 표준화 활동을 하면서, 돈으로 살 수 없는 귀한 경험을 하였다. 업무를 정의하고 구조화하는 방법, 나라별 업무를 진행하는 방식, 국제적인 미팅에서 통용되는 상식과 예절, 그리고 세련되게 의견을 조율하고 소통하는 방식 등, 직접 현장에서 부딪히며 하나하나 체득해 나갔다.

표준화 업무를 종료하고 새롭게 시작한 프로젝트는 GPS 신호가 닿지 못하는 실내에서도, 다양한 신호와 센서를 이용해 사람이나 객체의 위치를 인식하는 기술을 연구하는 것이었다. 이는 내가 속한 연구실의 메인 연구 주제였으며, 뒤늦게 참여하게 된 나는 그간 우리 연구소에서 확보하지 못했던 보행항법 기술을 담당하게 되었다. 타고난 성실함으로 3~4년 연구에 매진하니 서서히 관련 성과가 나오기 시작했다.

그즈음에, 나는 IPIN(Indoor Positioning and Indoor Navigation)이라는 국제 학술대회에 참가하기 시작했다. IPIN은 실내위치인식 기술 주제로만 4일 동안 진행하는 해당 분야의 유일무이한 국제 학술대회로 2010년에 유럽 학회를 중심으로 시작되었다.

IPIN은 학술대회의 내용도 좋지만, 행사의 주인공은 실내위치인식 기술 경진대회(IPIN Competition)이다. 2014년 부산에서 첫 경진대회가 열렸는데, 초반에는 소규모로 치러져 대회 자체의 존재감이 별로 없었으나, 해를 거듭할수록 기술 트랙도 세분화되고 참가자들이 늘어나면서 학술대회에서 가장 주목을 받는 행사로 자리매김하게 되었다.

나는 2015년부터 보행항법 분야 기술 트랙을 주관하는 의장직을 맡아 ① 대회의 운영 규정 정의, ② 사전 기술 평가, ③ 대회 운영, ④ 결과 평가 그리고 ⑤ Wrap-up 발표 및 시상의 전 과정을 주도하며 대회를 운영하였다. ①, ②는 학술대회 전 약 6개월에 걸쳐 진행을 하며, ③~⑤는 대회 기간 중에 진행하므로, 이틀 이내에 각 참가자들이 제출한 데이터를 분석하고 그 결과를 발표 자료로 만들어 발표까지 진행해야 한다. 기술에 대한 이해와 고도의 집중력, 그리고 체력이 뒷받침되어야 하는 책임감이 무거운 작업이다.

세계실내위치인식대회 운영 모습

： 2016년 스페인

： 2019년 이탈리아 피사

세상을 바꾸는 여성 엔지니어 16 : **다양성과 새로운 기회**

처음 기술트랙 의장직을 의뢰받았을 때에는 '과연 내가 이 일을 잘 해낼 수 있을까'라는 생각이 들었다. 그러나 국제 표준화 활동을 하면서 익혔던 경험과 한번 시작하면 최선을 다하는 내 성격을 믿고 일단 승낙하였다. 대회가 끝난 후, 참가자로부터 '정말 잘 준비된 대회였다. 의미 있는 경험을 하게 해 주어서 고맙다.'는 인사를 받은 적이 있었다. 말로 형용할 수 없는 기쁨을 느꼈으며, 잘 해냈다는 생각에 가슴 뿌듯했다.

이는 본업인 연구 수행 업무에 더해 내 개인 시간을 희생해야만 가능한 일로, 기술을 선도하고 있다는 자부심이 있어야 가능한 학술적인 자원봉사이다. 이러한 노력의 결과로, 2018년에는 평창 동계올림픽 기간 동안에 국내외 참관자들에게 실제로 서비스된 증강현실 기반 길 안내의 코어 기술인 위치인식 엔진을 지원하기도 했다.

당당하게 나아가는 딸들에게 희망을

올 초에 정부 지원을 받아 대학에서 추진하고 있는 과학 여성 인재 육성을 위한 지원 사업에 대해 자문하고 평가할 기회가 있었다. 그때 현장에 계신 교수님께서 말씀하시길, 여학생들이 공부도 열심히 하고 실력도 좋은 편이나, 상대적으로 자신감이 부족하고 심리적으로 위축되어 있는 경우가 많다고 하셨다.

돌이켜 보면, 학창 시절의 나 또한 그랬던 것 같다. 이를 극복할 수 있었던 것은 결국 잘하고 싶은 만큼 시간을 투자해서 나에게 주어진 태스크를 내가 스스로 만족할 때까지 반복하여 보고 또 보고, 거듭 숙고하면서 완성해 나가는 성실함과 끈기였다. 그렇게 나온 결과는 국가와 인종, 언어의 장벽을 넘어 그 진심이 통한다는 사실을 실제 경험을 통해 배웠다.

2021년 7월 2일, 유엔무역개발회의에서 드디어 대한민국이 선진국 그룹으로 승인되었다. 우리나라의 경제 수준이 글로벌 우위를 확보했음은 물론이고, 이제 더 이상 세계 무대에서 우리가 주눅 들 필요가 없음을 의미한다. 그래서 나는 여성 과학기술인들이 각자의 자리에서, 기회가 왔을 때 주저하지 말고 적극적으로 참여하여 진정한 글로벌 리더로서 자리매김하기를 바라는 마음으로 여성 과학기술인 후배 멘토링에 더욱더 전념하고자 한다.

Diversity and

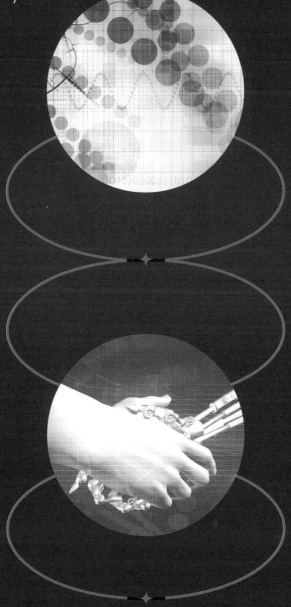

new opportunitie

part 4

관계:

✦

함께여서 더 소중한

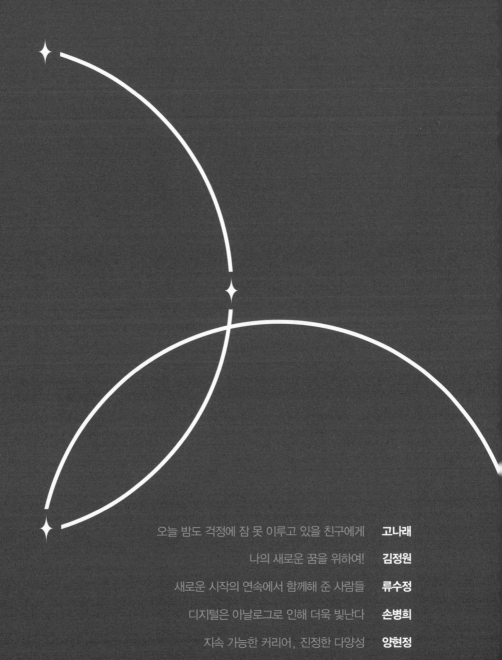

오늘 밤도

걱정에 잠 못 이루고 있을 친구에게

고나래

서울아산병원 핵의학과
의생명연구소 박사후연구원

인하대학교 화학과에서 유기합성과 의약화학 전공으로 학·석사 및 캐나다 몬트리올 Concordia University에서 고분자 약물전달체 및 생체재료 연구로 박사학위를 취득하고, 현재 서울아산병원 핵의학과에서 '연구중심병원 육성사업'을 통해 방사성의약품 개발 및 약물전달시스템을 연구하고 있다. 인하대에 재학하던 2004년 WATCH21 프로그램을 시작으로 여러 WISE센터 행사에 참여하였으며, Canadian Society for Chemical Engineering을 비롯한 국내외 학회에서 우수 학술 발표상 및 2017년 한국공업화학회에서 'WISET-KSIEC 젊은 연구자상'을 수상하였다.

사실 누군가에게 '감히 조언을 한다는 것'은 무척이나 무서운 일이다. 나의 말 한마디에 듣는 이의 인생이 전혀 다른 방향으로 달라질 수도 있기에, 멘토링이나 티칭은 참으로 조심스러운 일이 아닐 수 없다. 일찌감치 그런 '말의 무게'에 대한 경험을 한 나로서는, 처음 이 책에 대한 제안을 받았을 때 사실 글을 쓴다는 단순한 사실보다는 이 책을 읽고 있을 학생들이 어떤 영향을 받을지에 대해 더 걱정이 되었던 것이 솔직한 심정이다. 다만 지난 나의 10, 20대를 돌아보며 그때의 나에게, 또는 어릴 적의 나와 비슷한 생각과 경험을 하고 있을 누군가에게 지금의 내가 일종의 미래 생활의 팁을 알려 주는 편지라는 기분으로 적어 보려 한다.

그 고민은 혼자만의 것이 아니야

안녕, 친구. 지금 한 고등학생일까? 1학년? 여긴 지금 2021년 더운 여름날의 하루, 서울의 어느 연구실에 앉아 이렇게 편지를 쓰는 중이야. 오늘은 온종일 지난 실험 결과를 정리하고, 이메일을 보내느라 시간이 어떻게 흘러갔는지 모르겠네. 친구의 하루는 어땠어? 요새 더워서 학교 수업받기 힘들겠다. 오늘도 고생 많았어.

요즘 생각이 많아졌다고 들었어. 이번 1학기는 생각보다 만족스럽지 못했고. 이제 조금 있으면 여름방학이고, 2학기를 준비해야 할 테니 아마도 지금 열심히 연습장에 여름방학을 알차게 보내겠다며 야심차게 계획을 짜고 있겠지? 내가 기억하는 친구라면 아마 지금 계획표를 만들면서 이렇게 말할걸.

"다 끝낼 수 있으려나⋯. 작심삼일이려나? 이번만큼은 그러지 말아야지."

미래의 내가 살짝 미리 말해 주면, 아마도 지금 세우는 계획은 잘해야 50-70% 정도 성공할걸. 그런데 그거 알아? 100%를 채우지 못해도 괜찮아. 지금 고민을 하고 to-do list를 만드는 것이 결코 헛된 시간 낭비가 아니야. 그만큼 지난 나를 반성하고, 과거의 경험을 통해 좀 더 나은 내가 되겠다는 작은 시작이니까. 그 자체로 이미 충분히 의미가 있어.

작게는 이번 여름방학의 계획을, 크게는 앞으로 선택해야 할 과와 진로에 대해 고민하고 있을 시기일 거야. 암기가 많은 과목은 싫고, 차라리 계산해서 답이 딱 나오는 과목이 나아서 이과를 선택했을 거고. 학교나 집에선 이과니까 의대를 갔으면 할 거고. 의사, 그래 멋있어 보이는 것 같아. 돈도 잘 벌 거고, 어느 정도 사회적 지위도 있을 테니 여자로서 나쁘지 않

: 함께 울고 웃어 주던 소중한 친구들

은 직업이지. 게다가 의대 아니면 막상 이과에서 구체적으로 무슨 진로를 선택해야 할지도 모르겠고. 그렇지?

결론부터 말해 주자면, 그 수많은 걱정과 고민들, 혼자 겪는 일은 아니야. 지금 주변에 있는 친한 친구들과 얘기해 보면 다들 비슷한 생각을 하고 있다는 거지. 그리고 이 고민은 결코 한심한 일이 아니야. 아까 여름방학 계획을 세우는 것이 그 자체만으로도 한 단계 스스로를 발전시키는 계기가 되는 것처럼, 지금의 고민들 역시 나를 조금 더 성숙하게 만드는 발판이 될 테니. 당장 꼭 답이 나오지 않더라도 괜찮아. 나에 대해 많이 생각하고, 고민하는 그 사고의 회로를 세우는 것이 중요하다는 것이지.

사실, 지나고 보면 별일 아니었는데 말이지

아마 고3을 거치면서 스스로에게도, 주변 환경에도 큰 변화가 생길 거야. 원치 않은 학교, 학과에 스스로 혼란이 올 거고. '우리 반, 우리 교실'이라는 일종의 소속감 안에 있던 고등학교와는 달리, 여기저기 강의실을 매 과목마다 돌아다녀야 하고 점심도 강의시간표에 맞춰 매일 다른 시간에 다른 사람들과 먹어야 할 거야.

고등학교 때와 달리 대학 수업은 모든 학생을 대상으로 하는 '친절한 가르침'이 아니라 '지식 전달'에 더 가까울 테니. 1학년 과목들은 고3 심화 과정의 연장이라 놀면서도 점수는 나오겠지만, 방대한 분량의 2학년 전공과목부터는 '족보'라는 편법을 쓰지 않고서는 수업을 열심히 들어도 엉망인 시험 점수. 대체 이게 내가 생각했던 대학 생활인가, 단순 성적을 위한 반짝 암기가 진정한 대학 지식인가 싶을 테고. 그 와중에 등록금 대출 때문에 아르바이트는 쉬지 않아야 하고. 학교에서도 적응하지 못하고 집에서도 안정감을 찾지 못하는 시기가 바로 이때야.

계속 '이게 아니야, 여긴 아니야.'라는 생각에 아마 머릿속이 복잡할 테지. 어떻게든 벗어나려 할 거야. 휴학을 할까, 자퇴를 하고 편입을 할까, 외국으로 도망을 가 버릴까. 고등학교 때보단 조금 더 복잡하고 다양한 선택의 한복판에 서 있을 친구에게, 10년 이상 시간이 지난 지금의 내가 해 주고 싶은 얘기는 딱 하나야.

"결국, 다 지나가게 되어 있어."

사실 지금 이런 말을 들어도 '당장 내가 힘들어 죽겠는데, 대체 이 무슨 속 편한 소리인가?' 싶을 텐데, 저 말 속에 내포된 해결책은 이거야.

객관적 시각, 그리고 물리적인 거리감의 필요성.

지금 처한 이 문제들을 객관적으로 보는 시각이 필요해. 차분하게 제3

: 멀리 갈 수 없을 땐 높이 올라 가보기

자의 입장에서 들여다보는 거지. 그러기 위해서는 일단 지금의 환경에서 물리적으로 떨어져 있어 볼 필요가 있어. 무슨 거창한 해외여행이나 멀리 어학연수 같은 것이 아니어도 괜찮아. 혼자 공원에 멍하니 앉아 바람에 흩날리는 나뭇잎을 봐도 좋고, 아니면 동네 조용한 카페에서 수첩에 끄적여도 좋고. 잠깐만이라도 일상에서 벗어나 보기를 추천해. 소용돌이치는 문제의 한가운데에서는 사실 객관적인 시각을 갖기란 쉽지 않으니까. 일단 나와서 생각해 보는 거야.

기회는 준비된 자에게 온다며? 막상 난 하고 싶은 게 없는데

지나고 보면 진로 결정에서 제일 중요한 것은 '좋아하는 일'을 먼저 찾는 것 같아. 좋아하는 일은 지금 당장 "대학은 ~과 진학이 좋겠어."라든가, "직업은 ~같은 것이 좋겠어." 식으로 구체화하지 않아도 돼. 일단은 "나는 답이 하나로 딱 정해져 있는 수학이 좋아." 또는 "이러이러한 경로들을 통해 세포들이 움직이는 생물이 좋아." 정도 수준이면 돼.

이 '좋아하는 일'을 최우선으로 꼽는 이유는 결국 아무리 좋아하고 열정적으로 빠져 있더라도 한 번은 슬럼프가 찾아오게 되거든. 여기서 중요한 건 '내가' 좋아하는 일이라는 것이야. 부모님에게, 또는 선생님에게 등 떠밀려 남들이 좋아하는 일을 한다면 그 슬럼프는 극복할 수 없지만 '내가 좋아하는 일'이라면 '그래, 내가 좋아하는 일도 이렇게 힘든데 다른 일은 어떻겠어?'라는 생각에 결국 극복하게 되지.

만약 지금 내가 뭘 좋아하는지, 뭘 하고 싶은지 모르겠다면 '잘하는 일'

: 한복 입고 참석한 박사 학위 수여식

을 찾아보는 것도 방법이야. 잘하는 일은 결국 주변으로부터 칭찬 같은 긍정적 피드백을 받게 되고, 그럼 신이 나서 스스로 열심히 하고 덩달아 좋아지게 될 테니까.

'좋아하는 일'도 '잘하는 일'도 없다면 현실적으로 공부를 해서 성적을 올리는 수밖에 없어. 여기서 공부를 잘하라는 건 무조건 1등을 해야 한다는 뜻이 아니야. 일단 내가 할 수 있는 수준에서 한번 최대치를 끌어내 보자는 뜻이지. 열심히 공부를 하느라 책도 여러 번 읽고, 문제집도 반복해서 풀어 보고, 오답노트도 정리해 보고. 무언가에 노력하는 내 모습과 그 일련의 과정이 중요한 것이고 성적은 그다음으로 따라오는 것이지. 사실 공부는 목적이 아니라 수단일 뿐이야. 훗날 나에게 '좋아하는 일'이 생겼는데 어느 정도 성적이 뒷받침되어야 한다면 더 쉬운 접근이 가능할 수도, 또는 선택의 폭이 넓어질 수도 있지 않을까?

작은 화분을 키우듯 나에게 애정을

진로와 미래에 대한 걱정에 대해 제시하는 해결책으로 뻔한 얘기를 하는 것 같겠지만, 실은 지금 밤새 잠 못 자게 걱정하고 머리 아프게 고민해봐도 크게 달라지는 것은 없어. 본질은 현재 겪고 있는 이 상황들과 그것을 어떻게 해결해 나가는지에 대한 경험들이, 결국 훗날 '나'라는 존재를 뒷받침해 주는 요소가 된다는 것이거든.

냉정하게, 현실적으로 지금 할 수 있는 것을 생각해 보자.

객관적인 시각으로 고민을 들여다보고, 주어진 상황에서 최선을 다하는 것. 그나마 사회 관련 과목보다는 성적이 괜찮아 선택했던 이과, 앉아서 계산기 두드리는 것보다 직접 뭔가 넣고 끓이고 하는 실험에 대한 작은 흥미로 진학한 화학과, 4년 공부했지만 뭔가 아직 '화학'에 대해 아는 것이 없다고 느껴서 선택한 대학원, 가 보지 못한 의대에 대한 궁금증으로 연결된 의약화학, 우연히 접하게 된 '약물전달시스템'이라는 단어 하나로 인연이 된 고분자전공, 그리고 지금은 작은 인연으로 오게 된 병원에서 의사들과 함께 연구하고 프로젝트를 진행하고 있는, 나. 그게 바로 친구 너의 미래의 모습이야.

그러니 너무 초조해하지 마. 기회란 건 만들 수도 있겠지만, 자연스럽게 따라오는 결과라고도 생각해. 한 걸음, 한 걸음 지금의 길 위에서 한 발을 내딛다 보면 또 다음 길이 보이고, 그 길이 또 다음 길로 연결될 거야.

그리고 머리가 아플 땐 잠시 쉬는 것도 괜찮아. 한숨 돌리고 가는 것이 결코 나쁜 일이 아니더라고. 사회생활을 하고 좀 더 많은 인간관계가 얽히게 되면, 온전히 내 자신에게 집중할 시간이 10-20대만큼 많지가 않아서 내가 나를 놓치게 되더라. 그러니 지금 그 시간들을 즐겼으면 좋겠어. 고민하거나 걱정하는 것도, 그 문제를 풀어 보려는 노력도, 해결해 나가는 과정이 결코 헛된 일이 아니니까. 다만 그 고민의 시간이 너무 길어지지 않게만 하자. 알았지?

작은 경험, 작은 기쁨, 작은 인연부터 소중히 하다 보면, 결국 진로와 미래는 따라오게 되어 있어. 그래도 정 복잡함이 풀리지 않는다고 생각되면, 아마 이 책에 있는 멘토들에게 연락해 보는 것도 방법일 거야. 얼굴 한 번 본 적 없지만, 나와 같은 길을 가고 있다는 친구들이 결국은 과거의 내 모습이고 지금의 내가 친구들의 미래일 수 있을 테니까. 분명 큰 도움이 될 거라고 생각해.

부디 과거의 나는, 친구는, 이러한 여러 경험담을 통해 좀 더 나은 미래를 설계하고, 고민의 시간을 덜 수 있기를 바라며 이만 편지를 줄일게. 그럼 오늘도 좋은 하루 보내!

- 2021년 어느 여름날, 나래가

나의
새로운 꿈을 위하여!

김정원

한성자동차 영업부 이사

✦

가톨릭대학교 물리학과 학사 졸업 후, 경희대학교 글로벌경영학과 석사 학위를 취득하였다. 코오롱제약 영업부에서 6년간 근무하였으며, 한성자동차 영업부에 14년간 재직 중이다. 100 units club(1년에 100대 이상을 판매하는 사람)을 10회 달성하였으며, 1000 units club(누적대수 1000대 이상을 판매하는 사람)도 달성하였다.

나의 어릴 적 꿈은 과학자

나의 어릴 적 꿈은 과학자였다. 뉴턴이나 퀴리 부인처럼 과학계에서 한 획을 그은 분들의 위인전을 읽으면, 눈빛이 반짝거렸다. 나도 언젠가 발명왕 에디슨처럼 인류에게 필요한 무언가를 만들어 내고 싶었다. 그리하여 물리학과를 선택했고, 사물의 이치를 연구하는 학문이 정말 재미있었다.

그러던 신입생 시절, 위기가 찾아왔다. 아버지께서는 보증을 서셨고 집안은 어려움을 겪게 된 것이다. 등록금을 내 주시기도 어려운 상황이 되었다. 난 취업 전선에 뛰어들어 내가 잘할 수 있는 일을 하였다. 학원에서 과학과 수학을 가르치는 일이었다. 학교 수업이 끝나면 학원으로 달려가서 돈을 벌어야 했고, 결국 나의 학업은 공부만 하는 친구들에게 밀릴 수밖에 없었다(변명이겠지만⋯). 좋아서 선택했던 물리학과였지만, 파고들면 들수록 어려웠고 등록금을 벌기 위해 학업에 매진하지 못했던 나는 결국 과학자의 꿈을 접고 말았다.

어릴 적부터 '호기심 천국'이라는 별명이 있을 정도로 질문이 많았고 여러 방면에 관심이 많아 고등학교, 대학교에서 방송국 활동을 하였다. 그리고 내가 발로 뛰면서 사람들의 궁금증을 해소해 줄 수 있는 기자라는 직업이 나의 두 번째 꿈이 되었다. 토익과 방송사 시험을 준비하기 시작했지만 물리학도로서 영어와 담쌓은 지 오래되었고 언론고시라는 말이 있을 정도로 방송국과 언론사의 시험은 나에게 문을 열어 주지 않았다.

졸업이 코앞으로 다가왔는데 난 돈을 벌어야 했다. 그래서 닥치는 대로 이력서를 썼고 무슨 일을 하는 줄도 모르면서 코오롱제약 영업부로 입사를 하게 되었다.

호기심 왕, 제약영업을 시작하다

제약 영업? 누군가 나에게 묻는다면, 도전할 만한 일이라고 얘기해 주고 싶다. 세상에 이렇게 많은 약이 있고 이렇게 많은 제약회사가 있다는 것을 그때 알았다. 그러나 그 수많은 제약회사의 직원들이 정말 많이 스쳐 지나간다. (지금은 많이 바뀌기는 했겠지만) 코오롱제약은 소아과 약을 많이 제조하는 회사였다. 그런데 내가 맡은 지역은 서초구였다. 비싼 서초구 땅에 신혼부부가 살기란 지금도 쉽지 않지만 그때도 마찬가지였다. 그래서 의원에서 처방하는 코오롱제약의 약품은 정말 경미했다.

그 시절 의약분업이 된 지 얼마 지나지 않았던 시절이라 나는 서초구의 의원과 약국을 같이 관리했고, 처방약의 실적이 너무나 부족하기에 약국에서 처방전 없이 살 수 있는 OTC 매출에 매진해야 했다. 제약영업은 맡은 지역의 매출을 얼마나 많이 이끌어 내느냐가 관건인데, 다행인 것은 한 번 원장님이 처방을 해 주기 시작하면 내가 크게 잘못을 하기 전까지는 처방이 잘 바뀌지 않는다는 것이다. 그리하여 200만 원가량 나오던 서초구 시장을 4천만 원까지 끌어올렸다.

그렇게 할 수 있었던 것은 꾸준함과 성취감 때문이었다. 그 당시 신규로 제품을 랜딩(병원에 신규로 처방을 시작하게 만드는 작업)하면 플러스 알파의 인센티브가 있었으며 서초구에 있는 150여 개 남짓의 거래처를 일주일에 한 번씩 꼭 방문한 것이다. 그러다 보면 다른 제약회사의 직원이 그만두어 나에게 기회가 찾아오기도 하고, 원장님의 사적인 업무를 도와드리면서 신뢰를 쌓기도 한다. 그 결과, 저절로 주문이 나오도록 시스템을 구축할 수 있었던 것이다. 6년간 서초구를 맡아서 이제는 좀 쉬엄쉬엄해도 알아서 매출이 나오게 되었다.

그날도 역시 병원 대기실에 앉아서 원장님을 뵈려고 기다리고 있었다. 그런데 YTN 한 줄 광고에 "한성자동자 영업직 모집"이라는 문구가 지나가고 있는 것이었다. 그 즈음 난 내 일에 대해 약간의 염증(?)을 느끼고 있었다고나 할까? 일이 재미없어서도, 일이 힘들어서도 아니었다. 내 옆에 있는 선배들을 보니 10년 후 나도 저들과 같을 텐데, 그리고 영업을 잘하는 나와 영업을 못하는 내 옆 동료의 월급은 차이가 없었다. 그래서 결심했다. 열심히 노력하면 더 많이 벌 수 있는 일이 뭐가 있을까? 보험? 자동차? (사람들이 흔히 말한다, 이 3가지 직업을 3D(dirty) 업종이라고) 과연 내가 전혀 다른 분야로 갈 수 있을까?

그때 유수의 보험 회사로부터 리쿠르팅 제의를 여러 차례 받았었다. 직접 지점을 방문하여 어떠한 일인지 알아본 적도 있었다. 그래서 미지의 세계로 도전을 해 보고 싶었는지도 모른다.

마침 코오롱제약에는 코오롱모터스라는 계열사가 있었고 조심스럽게 인사과에 문의해 보았다. "제가 코오롱모터스로 계열이동이 가능할까요??" 그러나 대답은 'No!'였다. 그래서 결심했다. BMW보다 더 좋은 차로 가야지. 그렇기에 병원 대기실에서 본 한성자동차 구인 광고는 나의 머리를 힘껏 내리친 것이다.

퇴근하자마자 6년만에 자기소개서를 쓰기 시작했다. 때는 2007년 11월 말, 이력서를 내고 며칠 지나지 않아 인사 팀으로부터 연락을 받았다. 그리고 첫 면접. 지금도 생생하게 기억이 난다. 면접을 보시던 팀장님께서는 제약 영업은 이 일과 상관이 없기 때문에 신입으로 입사를 해야 하며 궁금한 것을 물어보라고 하셨다.

그 순간 왜 나는 "정말 월급이 없나요?" 이런 멍청한 질문을 했을까? 면접을 보기 전 주변에 알아보니, 한성자동차는 기본급이 없고 차를 판매한 만큼 인센티브를 받는다고 하여 내심 걱정이 되었던 것이다. "본인은 서초구에 잠재 고객이 엄청 많고 제약 영업을 잘했기에 자동차 영업도 잘할 수 있습니다!"라고 강한 자신감을 표현해도 입사가 될까 말까 한 상황에 저런 어리석은 질문을 하다니….

집으로 돌아와 엄청 후회했다. 그리고 며칠 후 받은 탈락의 이메일. 이렇게 코오롱에 남아야 하나 보다 하고 낙심하던 찰나, 모르는 번호로 전화가 걸려왔다. 어느 날과 마찬가지로, "안녕하십니까? 코오롱 제약 김정원입니다!" 전화기 너머로 들려오는 목소리는, 나에게 기회를 한 번 더 주신다는 것이었다.

그리고 바로 두 번째 면접을 보게 되었다. 이번에 면접을 보신 팀장님은 예전에 제약 영업 경험을 하셨던 분이었고, 6년의 경력이라면 근성이 있을 것 같아 보고 싶었다고 하셨다. 이번에는 후회를 남기지 않기 위해 "김정원"이라는 사람을 잘 포장하여 어필하였다. 그리고 최종 임원 면접까지 통과했다. 그렇게 어렵게 한성의 문턱을 넘어설 수 있었다.

입사 통지 후 송년회에 인사를 드리러 왔더니, 모든 선배들이 어떻게 들어왔냐고 질문을 하였다. 후에 알고 보니, 경력 없이 입사가 매우 힘들었으며, 그것도 다른 브랜드에서 아주 '잘하는 사람만 들어올 수 있는 회사였다. 그렇게 2008년 1월 14일 한성자동차에 주임으로 입사를 하였다.

한성자동차 최초의 여성 영업 이사가 되기까지

지금의 김정원에게는 많은 수식어가 붙어 있다. 최초의 여성 영업 이사, 최연소 임원, 주임에서 이사까지 10년, 100대 클럽 10회와 500대 클럽, 1000대 클럽 달성! 어떻게 그 모든 것을 이룰 수 있었느냐고 물으신다면, 그 이유는? 바로 나의 꿈이다! 입사 후 지금까지 한 번도 꿈을 꾸지 않은 적이 없다. 그리고 그 꿈을 위해 나는 지금도 꾸준히 노력하고 있다. 나의 꿈, 목표는 바로 1등이었다.

그래서 나는 당시 한성자동차의 1등 선배를 무조건 따라 하기 시작했다. 첫 번째는 전화기를 두 대 사용한 것이다. 요즘은 사실 두 대의 전화기가 필요 없을 것 같지만(여러분의 전화기 역할을 할 수 있는 블루투스와 같은 도구들이

: Top 10으로 사장님께서 시상해 주시는 모습

많이 생겼으므로) 나는 아직도 두 대의 휴대폰을 들고 다닌다. 이유는, 두 대의 전화기에는 동일한 내용의 고객 정보가 들어 있기 때문이다. 전화가 걸려오면, 나는 다른 한 대의 전화로 그 고객의 정보를 살핀다. 어떤 차종을 상담했는지, 누구의 소개인지, 언제 만났는지 등 모든 정보가 들어 있다.

14년 전 나는 고객이 많지 않아 그렇게 할 필요가 전혀 없었지만, 나의 꿈은 1등이었고 나는 차를 많이 판매할 사람이므로 이러한 데이터의 축적이 필요했던 것이다. 그렇게 모아 놓은 고객 정보는 지금 이 순간에도 빛을 발하고 있다. 10년 전에 상담했던 분이 어느 날 갑자기 전화 주시더라도 나는 그분을 어제 만난 것처럼 생생하게 기억할 수 있기 때문이다. 물론 커닝을 해서이긴 하지만….

그리고 두 번째는, 벤츠를 산 것이다. 내가 판매하는 물건을 당연히 내가 사용해야 된다는 것이 나의 철칙이었다. 그러나 사실 쉽지 않았다. 그때는 최저 가격의 차종이 C클래스였고, 5천만 원이 넘는 가격이었기 때문이다. 그래서 파이낸셜을 이용하여 한 달에 100만 원 남짓 갚아 나가야 하는 상황이었다. 신입사원이라 판매량도 저조하였고 매월 100만 원은 부담스러운 금액이었지만 벤츠를 내 차로 뽑는 순간 나의 판매량은 두 배로 늘어났다. 입사 첫해인 2008년의 나의 실적이 21대였다면, 2009년에는 40대로 늘었기 때문이다.

세 번째로 내가 꾸준히 하고 있는 일은 DM 발송이다. 바로 6년간 제약 영업을 하면서 배웠던 점은 '꾸준함'이었다. 거래처 방문을 게을리하지 않고 지속적인 방문을 하면 결국 판매로 이어진다는 것을 나는 알고 있었다. 그리고 가장 좋은 영업의 방법은 직접 만나는 것이라는 것도 알고 있다. 그러나 하루에 만들 수 있는 미팅의 횟수는 제한되어 있으므로 나는 계속

벤츠에서 근무하고 있다는 것을 알릴 수 있는 매개체가 필요했다. 문자 발송, DM 발송이 바로 그것이었다. 지금도 내가 매월 보내 드린 DM을 갖고 찾아오신 고객님께서 '한 번 만난 것이 전부인데 이렇게 오랫동안 편지를 보내 줘서 고맙다'는 인사와 함께 차를 구매해 주시는 경우가 많다.

그리고 입사 면접을 볼 때 얘기했던 대로, 서초구의 원장님과 약사님께 회사를 옮겼으며 Mercedes-Benz를 영업하게 되었다고 인사를 드렸다. 그러나 대부분 타이밍이 맞지 않았다. 딱 두 부류로 나뉘었는데, 벤츠를 이미 갖고 계신 분들과 벤츠에 관심이 전혀 없으신 분들이었다. 결국 그렇게 자신하던 서초구의 잠재 고객님들은 아무도 벤츠를 구매해 주지 않으셨다. 그러나 지금은, 서초구를 떠난 지 14년이 되었지만 내가 보내는 DM을 보시면서 차를 구매할 시점이 되면 언제든 나를 찾아 주신다.

: 17년도 당시 잘나가던 최강 2팀 멤버들

그렇게 판매량을 21대에서 40대 그리고 50대, 이듬해에는 100대를 달성하였다. 입사 4년 만에 전국 2등이 된 것이다. 나의 롤 모델이었던 분 바로 뒤를 잇게 된 것이다. 그런데 희한한 일은 판매량은 두 배로 늘어났는데 일의 양은 네 배로 늘어난 것이다. 가망 고객의 수도 늘어나 상담 스케줄이 많아졌을 뿐 아니라 판매한 대수가 많아졌기 때문에 AS도 두 배로 늘어난 것이다.

결국 그에 대비한 시스템을 갖추지 못하였기에 나의 판매량은 다시 감소하였다. 그랬더니 주변에서 들려오는 "그럼 그렇지", "그래, 1년 반짝하고 사라지는 거지." 등등의 비난들이 나를 힘들게 했다. 그래서 어시스턴트를 한 명(기존에는 한 명이었던) 더 뽑았고 AS와 전반적인 판매에 대한 체계를 갖추었다. 그래서 "저는 차를 판매할 때까지보다 판매한 이후가 더 중요하다고 생각합니다!"라는 약속을 지금도 철저히 지키고 있다.

소개해 주십시오!

나의 판매량의 90% 이상은 "소개"이다. 차를 판매한 후 고객님의 차에 무슨 일이 생기면 언제든지 100% 해결을 도와드리기 때문에 주변에서 누군가 차를 알아본다면, 적극적으로 나를 소개시켜 주시는 고객님들이 많다. 이제는 나가서 현수막을 걸고, 빌딩 타기를 하며, 아파트 우편함에 광고물을 꽂는 홍보 활동을 안 해도 차가 저절로 많이 팔릴까? 물론 Yes일 수도 있고, No일 수도 있다. 더 이상은 내가 직접 나가서 발로 뛰지는 않지만 그래도 영업 활동은 꾸준히 해야 한다. 뭔가를 열심히 하고 있으면 다른 곳에서라도 소개가 나오고, 예상하지 못했던 판매가 이루어지기 때문이다.

그리고 나는 지금도 고객님들께 "소개해 주십시오!"라는 말을 자주 한다. 그 한 분 한 분의 소개가 없다면 나는 다시 무에서 유를 창조해야 하기 때문이다. 지금도 매월 달이 바뀌면, 여느 영업사원과 마찬가지로 '이달에는 또 누구한테 팔아야 하나?'라는 고민을 한다. 그렇기 때문에 언제나 고객님을 만나면 소개를 부탁한다. 내가 가장 많이 하는 말은 "계약해 주십시오!"라면 두 번째로 많이 하는 말이 바로 "소개해 주십시오!"이다.

그런데 요즘 나는 조금은 나태해진 나를 느낀다. 예전처럼 고객 정보란에 빼곡히 메모를 하지 않거나 소개해 주신 분께 감사 편지를 놓치거나 하는 행동들을 가끔 한다. 언제부터 판매를 많이 했다고 10대 미만으로 판매를 하는 달이면, 나 자신을 용서할 수가 없다. 그래서 많이 히스테리컬해지기도 했다.

그래서 이제는 나를 단련시키고 있다. 그 일환으로 작년에는 경희대 글로벌경영학과 MBA 코스도 마쳤다. 여태 20년 동안 해 온 영업이었지만 좀 더 이론적으로 마케팅이나 조직 관리 등을 배움으로써 부족한 지식을 채웠다. 그리고 스트레스를 풀기 위해 과음을 했던 내가 지금은 자제하고 있다. 그 대신 운동을 열심히 했

: 생애 최초의 마라톤 풀코스 도전

다. 운동을 하다 보니 또 목표가 필요했고, 42.195㎞ 마라톤 완주를 2번 해냈다. 그렇게 육체적으로 정신적으로 성장을 꾀하였다.

이번 집필을 요청받았을 때 과연 어떤 도움되는 글을 쓸 수 있을까 많은 고민을 했다. 그리고 솔직한 나의 마음과 내가 지금까지 겪어 온 이야기를 쓰게 되었다. 그러면서

: 재작년 동생과 조카들과 함께한 이탈리아 여행, 영업이 나에게 준 많은 것들 중 하나

초심을 잃고 있는 나 자신을 발견하였고, 다시금 나의 꿈을 향해 달려가기로 마음먹었다.

지금 무언가를 계획하고 있는 분이 계시다면 지금 바로 시작하라고 얘기해 주고 싶다. 그리고 나의 목표를 설정하고 그 꿈을 향해 달려가라고도 말해 주고 싶다. 여성이 사회 활동을 시작하면서 받게 된 불평등과 제약을 나도 충분히 느꼈고 너무나 잘 안다. 그렇기에 남들보다 두 배로 노력을 했던 것 같다. 그렇지만 우리가 나아가야 할 길은 충분히 열려 있기 때문에 미리 겁먹을 필요도 없고 포기해서도 안 된다.

성공한 사람들의 노하우를 적어 놓은 많은 책들이 있다. 그리고 대부분 공통점을 가지고 있다. 그러나 어떤 사람은 그것을 보고 '나도 그렇게 해야지!'라는 생각을 하지만, 어떤 사람은 그냥 남의 일이라고 생각해 버린다. 부디 내 삶의 주인공이 되시길!

새로운 시작의 연속에서
함께해 준 사람들

류수정
SK telecom T3K AI Accelerator 담당

✦

조지아 공대 전기 및 컴퓨터공학과에서 박사 학위를 취득한 후, 2004년부터 2018년까지 약 15년간 삼성전자에서 근무하였다. 디지털신호처리용 프로세서 및 그래픽 처리장치 등의 프로세서 개발을 담당하였고, 2019년부터 2020년까지 서울대학교 전기·정보공학부에서 산학교수로 있으면서 인공지능 반도체 등을 연구하였다. 현재 SK 텔레콤에서 인공지능 가속기 개발을 총괄하는 담당임원으로 재직하며 대한전자공학회, 한국자동차공학회, 반도체공학회 등에서 이사로 활동하면서 후배 양성에 많은 관심을 기울이고 있다.

글을 시작하며...

　다양한 기회를 통해서 나의 커리어에 대한 생각과, 내 경험에 비춘 조언을 해 준 적은 많지만, 이렇게 지면을 통해 나의 얘기를 하게 된 것은 처음인 것 같습니다. 말의 힘을 믿으면서도, 말이란 자고로 허공으로 날아가 버리기도 하고 왜곡된 기억 속에 남아 있기도 하는지라 조금은 편하게 나누었던 대화들을 이 지면상에서는 왠지 좀 더 잘 전달해야 한다는 어려움을 느끼게 합니다.

　앞으로 하는 얘기들은 평범한 한 여성이 학생으로서, 직장인으로서 겪었던 일들을 기반으로, 지나고 나서 느꼈던 생각들을 편하게 전달하는 것으로 받아 주었으면 합니다. 아마도 이 글은 제가 잘했던 것보다는 저도 잘 못했던 것들을 아쉬워하며 이 글을 읽으실 다른 분들을 격려하는 내용으로 채워질 것 같습니다.

인생의 갈림길에서 이정표가 되어 주는 사람

　살다 보면 인복이 타고나 보이는 사람들이 있습니다. 어떤 사람들에게는 우스갯소리로 이런 말도 합니다. 저 사람은 전생에 나라를 몇 번은 구한 것 같다고…. 어떻게 저렇게 좋은 사람들 덕을 보는지 이해가 안 된다고 말입니다. 물론 인복도 하나의 행운으로 보인다는 뜻으로 보이기도 하지만, 한편으론 좋은 사람 옆에 다른 좋은 사람들이 있는 것을 자연스럽게 받아들이는 것으로 보입니다.

: 오래된 기찻길을 따라 걸어가는 발걸음 - 군산에서

나도 다른 사람들에게 좋은 사람일 수 있듯이, 내 주변엔 항상 좋은 사람들이 많이 있습니다. 또한 그 사람들도 나처럼 좋은 사람들 곁에 있고 싶어 하는 마음을 가지고 있습니다. 이러한 기본을 내 마음에 깊이 새긴다면 내 주변의 사람들에게 진심으로 대하게 됩니다. 저에게도 살면서 진심으로 나의 앞길을 밝혀 주고자 했던 분들이 계십니다.

제가 매 순간 지나오면서 느꼈던 것을 공유하면서 그 순간 같이했던 많은 좋은 분들의 얘기들을 들려드리고자 합니다.

나 자신을 알아 갈 수 있도록 내 발걸음에 이정표가 되어 준 분들

공부한 시간이 긴 저에게는 대학교, 대학원 시절의 지도 교수님들이 많은 영향을 주셨습니다. 어떤 분들은 스스로에 대한 생각이 명확하고 스스로 자신의 길을 헤쳐 나가기도 하지만, 저 같은 사람들은 누군가의 조언이 많이 필요했던 것 같습니다.

가 보지 못한 길에 대한 불안감과 희망이 뒤섞여 있고, 아직 나 스스로에 대한 생각이 설익은 시점에서 중고등학교 때와는 달리 나 자신의 진로가 명확하게 달라지는 선택의 순간들이 다가오는 시기이기 때문에, 선택의 순간마다 많은 고민들이 내 앞에 놓였습니다. 물론 부모님들께서 사랑으로 많은 조언을 해 주시지만, 사회에서의 나를 객관적으로 평가해 주고 이야기를 해 주는 분들이야말로 그 순간에 가장 필요했던 분이었던 것 같습니다.

자신에게 그런 분들이 없다면 주변을 돌아보고 적어도 내게 멘토가 될 만한 분을 찾아보셨으면 합니다. 다양한 경험을 해 본 분들이면 좋겠고, 다양한 관점을 가진 분들이면 좋겠습니다. 아니면 적어도 다양한 생각들을 가진 여러 사람들의 의견들을 주체적으로 들을 수 있으면 좋겠습니다. 다른 의견들을 적극적으로 경청을 하되, 제가 굳이 '주체적'이라는 단어를 쓴 것은 유학 시절에 어떤 분을 보았기 때문입니다.

같이 공부를 하던 학생이었는데, 그분이 연구실 문을 열고 들어오면 다들 자리를 뜨고 싶어 했습니다. 상대가 얼마나 바쁜지는 관심 없이 본인 얘기만 하는 탓에, 그 대화가 끝나기만을 시한부처럼 기다리게 되기 때문이었습니다. 바쁘다고 말을 끊어도 보지만, 1분만이라고 하는 한 시간을 화를 내지 않고는 끊을 수가 없어서 화도 내어 보았지만, 그다음에 또 문을 열고 들어오면 반복되는 일상이었습니다.

어느 날은 본인이 차를 사야 하는데, 어떤 차를 사면 좋을지에 대한 얘기가 시작됐습니다. 차를 잘 모르는 저에게까지 와서 조언을 구했던 걸 보면 그저 본인의 고민을 여러 사람과 나누고 싶은 것 외에는 아무 의미가 없어 보였습니다. 결국 정말 많은 사람의 의견을 들어 보고는 결정을 못 내리고 한국에 계신 부모님 의견에 맞춰 차를 구매하였습니다. 이분은 정말 많은 사람의 값진 시간을 활용(?)할 줄 아는 적극성은 있었으나 결국 자기 중심이 없었기 때문에 그 시간들이 결국에는 의미가 없어진 것이었습니다.

인생을 살다 보면, 정말 크고 작은 선택들을 하게 됩니다. 차를 구매할 때 차종을 고르는 일은 경제적으로 큰일일 수 있지만, 인생에서 전공을 선택한다든지, 배우자를 선택한다든지, 새로운 직장이나 경력을 선택하는 일에 비하면 매우 사소한 일일 수 있습니다. 따라서 다른 사람의 말만 듣고 나의 앞날을 결정하기보다는 나의 중심을 잡으려고 노력하면서 경청하게 되면 다른 사람의 눈을 통해서 그들의 경험을 통해서 나 자신을 더 잘 바라보면서 방향을 찾아갈 수 있을 것이라고 생각합니다.

낯선 세상으로의 이동, 내 곁에 있어 준 낯선 분들

결혼과 함께 미국이라는 새로운 환경으로 유학을 가게 되면서 내 인생에 있어서 큰 변화를 맞게 되었습니다. 그 당시에는 인터넷 전화도 없었고, 지금처럼 SNS가 발달했던 시기가 아니기 때문에 주로 비싼 국제전화에 의존해서 가족과 친구들과 소통을 취하게 되어 상대적으로 연락이 어려웠던 시기였습니다. 이렇듯 주변의 환경이 변하고, 사람이 변하고, 그에 따라 언어도 바뀌는 상황에서 개인적인 삶 또한 결혼이라고 하는 큰 변화를 맞게 되었습니다.

어떤 사람과 대화하다 보면, 그 사람이 사용하는 언어의 범위와 선택하는 단어를 보고 그 사람의 됨됨이와 성격, 환경, 직업 등을 나름대로 예상하게 됩니다. 우리는 언어를 배우게 되면서 결국 언어를 통해 생각하게 되므로 언어가 그 사람의 생각의 범위를 결정하게 하는 도구가 되는 것 같습니다.

그러한 언어가 모두 변하는 환경은 주변의 자연환경, 건물, 사람들의 생김새 등이 변하기 때문에 겪게 되는 낯섦과는 많이 다른 것 같습니다. 단순히 말을 이해 못하는 빈번한 상황에 부딪힌다기보다는, 상대방과의 대화 중에 그 사람의 생각을 가늠하기 어려워지기 때문이 아닌가 싶습니다. 말의 뜻을 내 기준으로 이해한다는 것이 때로는 말을 못 알아듣는 것보다 더 큰 오해를 불러일으킬 수 있다는 것은 나이가 들수록, 내 생각이 고착될수록 더 체감으로 느껴지는 부분입니다.

그런 익숙하지 않은 생활에서 매일같이 크고 작은 오해를 바로잡아 가며 살아가는 데는 많은 노력이 필요했습니다. 항상 주의를 기울이기 위해서 에너지를 많이 쏟았던 시간이었습니다. 그런 환경에서 결혼 후 바로 갖게 된 아이는 내가 이해해 줘야 하는 또 하나의 세계였습니다. 아이만의 언어로 표현하는 것을 이해하고자 무던히도 노력했습니다. 사랑하는 아이, 내가 하고자 했던 공부였지만 그 시간이 많이 힘들었음은 고백해야 할 것 같습니다.

그러한 어려움을 이해해 주었던 분들은 나의 가족뿐만이 아니었습니다. 지도 교수님이신 Scott Wills 교수님, 그리고 공동 지도 교수로 지도해 주셨던 Linda Wills 교수님이 바로 그 낯설기만 한 곳에서 따뜻하게 지켜 주셨던 낯선 분들이었습니다. 매주 두 번씩의 미팅을 하면서 지식에 대한 배움의 시간도 많았지만 그분들이 들려주신 이야기에 많은 공감과 위로를 받았습니다. 본인들도 둘이 같이(지도 교수님 두 분이 부부입니다) 공부하고, 결혼하고, 아이를 갖고 학위를 마치는 동안 힘들었던 부분들을 당시 본인들의 지도 교수님께서 보살펴 주시지 않으셨으면 더 많이 힘들었을 거라고…. 그래서 본인도 그걸 본인의 제자에게 베풀고 싶다고….

그렇게 저는 과분하리만큼 저에게 따뜻한 그분들의 이해 속에서, 도움 속에서 어렵게만 느껴지던 낯선 생활들을 아직도 따뜻하게 기억할 수 있나 봅니다. 암으로 세상을 일찍 떠나신 지도 교수님이 닿지는 못하지만 항상 내 마음속의 불씨가 되어 후배들을 바라보는 마음을 훈훈하게 만들어 주는 것 같습니다. 나도 그들에게 그런 불씨로 남아서 지도 교수님의 마음이 끊이지 않고 전달되기를 바랍니다.

귀국과 함께 시작된 직장 생활

공부를 1년 먼저 시작한 남편이 저의 졸업을 응원하며 아이와 함께 귀국했습니다. 그 당시 9·11테러로 인해 외국인들의 취업길이 많이 막히면서 내린 결정이었습니다. 1년간 마무리를 하고 다시 가족들 곁으로 돌아

: 4년 전 팀원들과 회사에서

와서 직장 생활을 시작하게 된 저는 가족을 챙기기보다는 일에 파묻혀 살 았던 것 같습니다. 부모님과 남편의 전적인 도움을 받아 가며 그 시간을 지나왔습니다.

그런 제 곁에는 항상 같이 뜻을 함께해 준 팀원들이 있었기에 어려움이 있을 때마다 그래도 한 걸음씩 앞으로 나갈 수 있었던 것 같습니다. 17년 의 사회생활 중에 15년을 지낸 첫 직장 생활은 그렇게 매우 치열한 삶 속 에서 나를 믿어 주는 상사와 후배들과 함께 시간 가는 줄 모르고 지나갔습 니다.

그 시간들은 물론 매우 소중했지만, 한편으로는 아이의 자라는 모습을 많이 놓쳤던 것 같습니다. '아이가 나를 무엇을 통해 기억할까?' 그런 생각 을 하게 되면 다시금 내 인생에 소중함이 어디에 있는 것인지, 삶이란 무 엇인지에 대한 생각으로 거슬러 올라갑니다. 저에게 30-40대는 내가 무엇을 할 수 있는지 스스로 도전해 보는 시기였던 것 같습니다. 성취감에 대한 즐거움 뒤에 생활의 피로가 쌓이기도 했지만, 그때 또다시 많은 낯선 사람들과 인간관계를 맺으면서 내 세상을 넓혀 갈 수 있었습니다.

사람들마다 본인들의 시간을 어떻게 채울 것인지 또다시 선택을 해야 하겠지만, 주위를 둘러보면 언제나 가족과 나를 믿어 주는 사람들로 가득 차 있는 곳으로 이동하게 된다는 것을 느낄 수 있을 것입니다. 내가 신뢰를 안 하고, 내가 신뢰를 못 받는 곳은 자의건 타의건 그곳을 떠나게 되는 게 아닌가 싶습니다.

여러분들이 있는 곳이 어떤 곳일까요? 최대한 노력해서 나도 상대도 신뢰를 쌓아야겠지만 그럴 만한 가치가 없는 곳에서는 떠날 준비를 하는 것도 용기일 거라고 생각합니다. 인생의 시간은 유한하기 때문에 너무 많은 낭비를 하면 안 될 것 같아서 조심스럽게 얘기하게 됩니다.

: 5년 전 해외 연구소 팀원들과 함께

또 다른 시작

　최선을 다해서 살았던 시간들과 함께, 모든 것에는 마무리 단계가 다가 오게 마련입니다. 그 끝을 더 늘릴 수도 있겠지만 결국에는 내가 원하는 것을 희생하면서 흘러가는 방향과의 타협을 통해 시간을 버는 것 외에는 큰 차이가 없는 것 같습니다. 그래서 결국 그 시점도 본인이 결정하는 것 이라고 생각합니다. 직접적이든 간접적이든 모든 결과에는 원인이 있으 니까요.

　그렇게 첫 직장에서의 고단했던 마지막 2년이 흘러가면서 맘속에서는 이미 많은 준비가 이루어져 있었습니다. 맘속에 준비를 1년 가까이 했음 에도 막상 떠나고 나니 왜 그렇게 다시 힘들다고 느꼈을까, 시간이 지나고 생각해 보니 떠날 맘의 정리만 했지 새로운 시작에 대한 준비를 못했던 것

: 집 근처 반석산에서 2019년 새해에 떠오르는 해

같습니다. 꽤 길었던 직장 생활, 첫 직장에서 임원으로 승진하기까지 많은 일들과 경험이 있었다고 생각했지만 오롯이 한곳에서 한 우물을 파고 있었던 나에게는 새로운 시작이 어찌 보면 무한한 기회이자 두려움이었던 모양입니다.

내가 뭘 원하는지를 모르는 새로운 시작은 누구에게나 불안감이 있을 수밖에 없습니다. 밖에서 보면 사회적으로 성공해 보이는 많은 사람들이 그때가 될 때까지도 본인이 정말 원하는 것이 뭔지 모른다는 사실이 얼마나 혼동을 줄지는 겪어 보지 못하면 이해하기 어려운 문제일 것입니다. 그런 혼동 속에서 새로운 시작은 끝과 함께 나란히 다가오는 것 같습니다.

새로운 직장 생활… 그리고 또 다음…

내 30-40대를 바쳤던 첫 직장에서의 15년을 마무리하고 산학교수라는 명칭으로 학교에서의 생활이 시작되었습니다. 회사에서 치열하게 살았던 제게 학교는 쉬워 보이는 곳이었던 것 같습니다. 연구가 쉽다거나 교육이 쉽다는 얘기는 아닙니다. 다만, 회사에서의 수직적인 조직문화, 다양한 부서 간의 조율, 협업, 상대평가에 의한 진급 등의 무한 경쟁에 따른 업무 수행에서 오는 스트레스보다는 교수 개인의 능력에 따라 많은 것이 좌우되는 것으로 보였기 때문입니다.

처음에는 무언가를 주도적으로 해 왔던 근성(?) 때문에, 내가 움직일 수 없는 조직으로 들어가면서 답답함을 느꼈던 것 같습니다. 그렇게 시간이 지나면서 다시 그 조직에서 받아들여지고, 내 자신의 자리를 찾아가는 동

: 구름 속의 무지개를 보는 새로운 시작, 하와이 여행에서

안 다른 사람의 편의를 위해서 또는 내가 그것에 적합하단 이유로 많은 작은 일들이 내 앞에 와 있는 것을 보았습니다. 상대적으로 이전보다 바쁘지 않았던 저는, 딱히 싫어하는 일이 아니면 거절하지 않았습니다.

그렇게 1년이 지나자 새로운 모습으로 완전히 바뀌어 있었습니다. 어쩌면 자연적으로 형성된 지형 지물과도 같이…. 그 자리에 나라는 사람이 있었기 때문에 그 모습을 하게 된 당연한 결과란 생각이 들었고, 또다시 내 세상보다 큰 바깥세상에서 재미를 찾아가게 되었던 것 같습니다. 너무나도 익숙해서 편안하지만, 내 생활에 활력을 뺏어 가는 내 시간을 갉아먹는 생활을 하고 계시다면 여러분들도 새로운 곳으로 떠나 보는 게 어떤지 조심스럽게 권해 봅니다. 그렇게 지나왔던 2년 3개월은 그다음의 새로운 시작에 있어서 큰 밑거름이 되어 주었기 때문입니다.

마무리하며...

  제가 좋아하는 것 중에 하나가 이렇게 처마, 지붕 같은 것입니다. 한옥의 기와지붕을 내려다보기 위해 북촌을 자주 갔었던 기억이 있습니다. 지붕에 대한 매력을 느끼고 나서 왜 내가 지붕을 좋아하는지 곰곰이 생각해 보았습니다. 지붕은 하늘과 어우러지면서 그 멋이 뽐내지고, 결국 지붕을 통해서 하늘이 멋진 선을 가지게 되어서인 것 같다고 생각했습니다.

  사회생활을 하면서 분야마다 다르겠지만 전문성과 실력의 중요성과 함께 다른 사람들과도 잘 조화를 이루어야 합니다. 지붕과 하늘처럼, 사람도 자신이 속한 곳에서 나를 뽐내고 다른 사람들을 멋지게 만들어 줘야 하지 않을까요?

: 한국의 지붕

: 독일의 지붕

디지털은 아날로그로 인해

더욱 빛난다

손병희

국민대학교 소프트웨어융합학부 조교수

◆

학부 졸업 후 1995년부터 6년간 ㈜한국프로페이스라는 공장자동화 전문기업인 일본 회사에 근무했다. 이 회사는 일본 경제가 침체되면서 150여 년의 업력을 자랑하며 자동제어로 이름을 떨치고 있는 프랑스 회사인 그룹 슈나이더 일렉트닉에 합병되었다. 이후 연세대학교 대학원 전기전자공학부에 진학하여 석박사 학위를 취득했다. 지금은 국민대학교 소프트웨어융합학부에서 학생들을 가르치며 특히 공대에서 여성 후배들이 잘 적응할 수 있도록 인력 양성에 많은 관심을 가지고 있다. 연구 분야는 스마트팩토리, 머신러닝/딥러닝이다. 가장 최근에 저술한 저서로는 『컴퓨팅 크리에이터』가 있다.

컴퓨터 동아리 그리고 꾸준함

후배들에게 글을 쓰기 위해 어언 30년 전의 일을 기억하려고 하니 아련하지만, 88년 고등학교 1학년 때의 나의 모습은 또렷하다. 그 당시 공립학교에 입학했고, 국가적으로 인문계 고등학교임에도 불구하고 컴퓨터 기술을 국민들에게 보급시켜 정보화 흐름을 저변에 확대하려는 정책으로 컴퓨터 동아리가 만들어졌다. 나는 그 의미가 무엇인지도 몰랐지만 컴퓨터가 마냥 좋았다. 새 문물이 좋았다.

우리 집도 인쇄업을 했는데, 학교에 정보화 바람이 태동될 때 인쇄 원고 작성을 퍼스널 컴퓨터로 하려고 준비하고 있었던 것 같다. 학교는 당연히 인문계라 대입을 우선하여 모든 학사 일정이 운영되다 보니 학년이 올라

: '스마트팩토리'를 주제로 온라인 강의하는 모습

갈수록 동아리 활동은 흐지부지되었지만, 그 덕분에 전산학과로 대학을 진학하는 데는 조금도 주저하거나 망설임이 없었다.

난생처음으로 배운 컴퓨터 랭귀지가 C 언어였다. 그때는 왜 그리 어려웠던지…. 앰퍼샌드(&) 앤드 기호를 써야 하는 주관식 문제에서 그 기호가 잘 그려지지 않아 웃지 못할 해프닝도 있었다. 그래도 4년 동안 휴학하지 않고 모든 학기를 잘 통과해서 무사히 졸업할 수 있었다. 지금 보면 어학연수로 휴학하거나 교환학생으로 휴학하는 일이 자유롭지만, 내가 대학을 다닐 당시만 해도 그리 유행하는 일들은 아니었다.

그래도 다행인지 운인지는 몰라도 학부를 졸업한 후 6개월간의 인턴 기회를 얻고, 그 기회를 통해 1995년 10월에 서울에 새로 오픈하는 일본인 회사에 정규직으로 취업되었다. 대학 때 학과 공부 외에 팝송을 들으며 영어 공부를 했던 것이 큰 도움이 됐다. 주말을 제외하고 평일은 거의 매일 새벽 6시에 일어나 방송을 들으며 영어로 흘러나오는 가사를 빠짐없이 딕테이션 했던 기억이 생생하다.

'도노우에 마사히로' 일본 사장님과의 첫 면접에서 영어로 인터뷰할 때 부드럽게 넘어갔기 때문에 지방대학교 출신임에도 불구하고 발탁되어 일본 기업에서 6년 동안 근무할 수 있었다. 내가 있었을 당시 일본 기업은 공장자동화 기술로는 단연 세계 1위였다. 더욱이 외국계 회사였기 때문에 주 5일 근무에 야근도 없었다. 지금은 너무나 보편화된 일이지만 그 당시에는 6일 근무였다. 다만 외근이나 출장을 나가게 되면 공장이 멈춘 시간에 작업을 해야 하는 어려움은 있었다.

공장자동화 분야는 남자들의 세계였다. 그 영역에서 여자로서 살아남기 위해서는 실력밖엔 없었다. 일본 기업에 다녔기 때문에 입사하고 새벽

에는 연세대학교 어학당을 다니면서 6개월 만에 일본어를 마스터하기도
했다.

또 다른 꾸준함 그리고 건강도 실력이다!

2021년 8월 3일 현재 266주차 산행을 했다. 95년부터 직장 생활을 시
작했고, 결혼도 했고, 딸아이도 낳았다. 2000년에는 일본 회사를 그만두
고 대학원에 입학해서 학위도 땄다. 정말 열심히 살았다. 헌데 주말이면
그냥 누워서 잠자고 집에서 뒹굴거리는 것이 푹 쉬는 것이라 생각할 때였
다. 지금으로부터 266주차 전, 2015년 12월 크리스마스가 막 지날 때였
다. 친구에게서 전화가 왔다.

"병희야, 설악산에 갈래?"

마침 설악산에 갈 계획을 세우고 있었던 터라 친구의 전화가 반가웠다.
다들 등산을 해 본 경험이 있는지는 모르겠지만, 나는 그 전화를 받을 때
만 해도 설악산의 최고봉은 울산바위로 알고 있었을 때다. 참으로 무지했
고, 연약했다.

2016년 1월 첫 주 산행은 그야말로 내 인생의 터닝포인트다. 금요일 자
정에 출발한 버스에 몸을 싣고 가면서 얼마나 허약 체질이었는지, 가는 버
스에서는 멀미를 했다. 당연히 버스에서 푹 자고 아침에 울산바위를 오르
는 줄 알았던 나는 새벽 4시도 되기 전, 산우들의 등산 준비에 화들짝 놀랄
수밖에 없었다.

그렇게 오색약수터 계단을 올랐다. 2시간여 만에 탈진이 왔고, 1,708m

: 어느 산행 모습

인 대청봉에 겨우겨우 올랐다. 내가 정상에 섰을 때, 발 빠른 친구들은 이미 하산 길에 접어들었고, 내가 하산할 때는 같이 간 모든 등산 멤버들이 적어도 3시간 이상은 족히 기다렸다.

나를 왼쪽에서, 오른쪽에서 부축하며 내려와 준 선배 둘은 나와 동행했다. 내가 절대 잊지 못할 이야기다. 내 생명의 은인들. 장장 14시간 가까이 설악산을 오르내리면서 어떨 때는 헛웃음이, 어떨 때는 눈물이 핑 돌았다.

'내가 지금까지 산 것은 이렇게 주위에서 나를 보좌하고, 이끌어 주고, 밀어준 사람들 덕택이구나. 이 사람들에게 보답하는 방법은 내 스스로 자생하는 모습을 보여 주는 것일 거야!'

나는 이렇게 생각하고 그때부터 지금까지 매주 산행을 한다. 이 일은 멈추지 못할 것이다. 전에는 내 몸이 지치는 줄도 모르고 그냥 열심히 살았다. 주말에 침대에 누워 있는 것이 쉬는 것이었다면, 지금은 철저히 자기 관리를 한다. 내 몸이 건강하니 어떤 어려운 문제도 내 생명보다 귀하거나 중요하지 않고, 고맙게도 다 멀리서 바라볼 수 있는 눈이 생겼다.

공학에는 휴먼 스토리가 있어야 한다!

우리가 공학을 하면서 잊지 않아야 할 것이 있다. 그것은 바로 인간 본연, 자연 본연의 우리의 모습이다.

영화 〈쥬라기 공원〉에는 공룡학자 알란 그랜트 박사, 식물학자 엘리 새틀러 박사, 그리고 수학자 이안 말콤 박사가 나온다. 이 영화는 〈쥬라기 월

: 영화 쥬라기 공원 중에서 이안 말콤
이미지 출처: 구글 이미지

드〉로 리메이크되기도 했다. 공룡 테마 공원이다. 이 공원의 오픈 허가와 투자 유치에 공룡학자, 식물학자, 수학학자가 안정성 평가를 한다. 그중 수학자 말콤 교수는 이런 이야기를 한다.

"신은 공룡을 창조했다 공룡을 멸종시켰다. 그 신은 인간을 창조했지만, 인간이 신을 없애고 공룡을 창조했다."

이 이야기가 항상 뇌리를 스친다. 최첨단 기계들에 의해 자동 제어되는 쥬라기 공원 내의 모습이 꼭 우리의 모습이 아니었나 싶었다. 자동화되어 가는 환경 속에서 상상력과 창의성을 강조하고 있지만 우리가 간과하는 것이 있었다. 바로 우리… 인간, 그리고 자연이 아닐까? 코로나로 힘겨운 요즘, 디지털은 더욱 가속화되지만 아날로그가 몹시도 그리운 지금 모습이다.

: Wi-Fi 공유기

[Smart House] 이미지 출처: ㈜아이즈넷 홈페이지

Wi-Fi 기술도 공유기를 거실에 설치하면서 가족 구성원들은 어떠한가? 아빠는 거실에서 TV를 보고, 엄마는 안방에서 TV를 보고, 딸은 작은방에서 친구들과 카톡을, 아들은 공부방에서 컴퓨터 게임을 한다. 공유기 덕분이라고 해야 할지, 친구들이 집에 놀러 와도 거실이나 방에 같이 있어도 메시지를 주고받으며 대화를 한다.

기술이 개인 공간, 개인 자유, 개인 시간, 개인의 즐거움을 줄진 몰라도 공학자들인 우리는 항상 신경 썼으면 한다. 바로 인간 본연의 우리의 모습, 자연 그대로의 모습이 어떠했는지를 말이다.

『논어』에 이런 말이 있다. "거친 밥 먹고 물 마신 뒤에 팔베개하고 누웠으니 그 가운데 즐거움이 있도다."

몇 자의 글로 글쓴이의 마음이 잘 전달될지는 모르겠지만, 눈부신 디지털 기술은 아이러니하게도 아날로그 본연의 색깔로 인해 더욱 빛난다는 것을 잊지 말자.

머신러닝과 딥러닝 내면에 있는 데이터 읽는 기술

머신러닝은 기본적으로 알고리즘을 통해 데이터를 분석하고 학습하며, 학습한 내용을 기반으로 판단이나 예측을 한다. 궁극적으로 의사 결정 기준에 대한 구체적인 지침을 소프트웨어에 직접 코딩해서 넣기도 하지만 대량의 데이터와 알고리즘을 통해 그 자체를 '학습'시킨다.

정지 표지판의 이미지를 인식할 때 우리는 물체의 시작과 끝 부분을 프로그램으로 식별하는 경계 감지 필터와 물체의 면을 확인하여 형상을 감

지하는 알고리즘을 구현하고, 'S-T-O-P'과 같은 문자를 인식시켜야 한다. 이때 가장 크리티컬한 문제는 무엇인가?

안개가 끼거나 나무에 가려서 표지판이 잘 안 보이는 문제이다. 정지 표지판은 기상 상태나 밤낮의 변화에 민감해야 한다. 이런 변화에도 관계없이 항상 정답을 낼 수 있는 가중치를 조정해서 수백, 수천, 어쩌면 수백만 개의 이미지를 확인해야 할지도 모른다. 그래서 인공지능 기술은 빅데이터와 뗄 수 없는 관계이며 어느 정도 수준의 정확도에 이르러서는 정지 표지판을 제대로 학습한다. 여기에 단순히 데이터를 분류하여 분석하는 것을 넘어 그 속에 담긴 의미 있는 것을 찾는 일을 해야 한다.

데이터 과학이란 쇼핑몰에서 사용자, 즉 인간의 접속 방식, 체류 시간, 스크롤 패턴, 과거 구매 횟수 등은 사람의 심리와 자연 기후에 밀접하게 연결되어 있다.

데이터는 어수선하고 평등하지 않다. 과거 데이터를 바라보던 방식에서 벗어나자. 데이터를 통해 우리는 구체적으로 방향을 제시해야 한다. 그러므로 현명한 혜안이 필요하다. 그 혜안은 자연에서 온다. 즐겨 읽는『노자』에 이런 글이 있다.

"남을 아는 자는 지혜롭고, 자기를 아는 자는 밝다. 남을 이기는 자는 힘이 있고, 자기를 이기는 자는 강하다. 만족함을 아는 자는 부자이고, 힘써 행하는 자는 뜻이 있다."

나는 내 인생의 주인공! 우리에게 필요한 것은 상상력뿐

하지만 자연을 뒤돌아보면 현실에 안주할 수도 있다. 그리고 심지어 '나는 누구인가?'라고 아직도 물어보고 있을 수 있다. 나는 나다. 내 인생의 주인공. 내 인생을 돌아봐도, 선인들의 말씀을 봐도, 옆에 있는 선배나 친구들의 인생을 보더라도 이치는 같다. 건강해야 자신감이 있고, 자신감이 있어야 나아갈 수 있다. 자신감이 없더라도 나아갈 수 있으나, 길을 잘못 들어섰을 때 자신이 있고 준비된 사람은 바로 유턴을 할 수 있다. 그렇다면 여성 공학도로

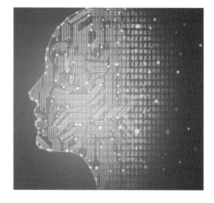

: 딥러닝 형상화
이미지 출처: 구글 이미지

서 반드시 갖추어야 할 공학인의 준비나 자세에는 어떤 것이 있을까?

이제 머신러닝을 넘어 딥러닝을 적용할 수 있는 곳이 헤아릴 수 없이 많아졌다. 딥러닝뿐일까? 주위에는 보이는 기회이든, 보이지 않는 기회이든 다 존재한다. 그 진화 속도는 우리의 움직임보다 더욱 빨라졌지만, 학습에 활용할 수 있는 수많은 데이터, 정보는 누구에게나 공개되어 있다. 다만 우리에게 부족한 건 상상력뿐이다. 준비되지 않았더라도 주저하지는 말자. 우리의 임무는 걸어 나아가는 것이라 생각한다. 다시 보더라도 우리는 잘하고 있다.

자연을 아는 일, 나 자신을 아는 일… 그리고 상상력이 필요한 때다. 지금부터라도 자연을 뒤돌아보면서 현실을 직시하고 미래를 상상해 보자!

지속 가능한 커리어,
진정한 다양성

양현정

삼성엔지니어링 플랜트사업본부

✦

연세대학교 화학공학과를 졸업하고 2011년 삼성엔지니어링에 입사해, 10년 간 전 세계 해외 정유/석유화학 플랜트 건설 프로젝트 입찰 참여 및 말레이시아, UAE 등지의 플랜트 건설 현장을 경험했다. 글을 쓰고 있는 현재는 멕시코 국책사업으로 건설 중인 정유 플랜트 프로젝트 수행을 위해 멕시코 시티에 거주하고 있다.

10년 회사 생활의 이력서

올해 초, 10년 근속상을 받았다. 많은 직장인들이 더 높은 자리를 향해 도전하거나, 혹은 떠날 준비를 하는 갈림길이다. 더 이상 여성 엔지니어가 낯설지 않은 세상이지만, 여전히 여성 직장인으로서의 고민과 경력 단절은 현재 진행형이다.

나는 겁 많고 평범한 공대생이었지만, 수년간의 경험과 좋은 사람들과의 인간관계를 통해 자신감을 갖게 되었고, 나에게도 언젠가 닥쳐올 선택의 순간들에 대한 대답을 하나씩 준비해 보고 있다. 아주 특별한 조언은 되지 않을 평범한 이야기라도, 누군가에게는 힘을 북돋워 주는 라디오 사연 같은 하나의 레퍼런스가 되었으면 좋겠다.

돌아가도 모로 가면 된다

나는 모범생이 아니었다. 정확히 말하면 바르고 공부는 성실하게 했지만, 뚜렷한 목표를 갖고 노력하기보다 그저 열심히 하는 데 익숙한 헛똑똑이였다. 어렸을 때는 미술을 좋아했기에 커서 화가나 건축가가 될 줄 알았지만, 공부를 하면서 자연스럽게 미술은 취미의 영역이 되었다. 이과로 진학해 대학 입시를 앞두고 잠시 어렸을 적 미술을 좋아했던 기억에 건축과를 꿈꿨지만, 결국 많은 사람들이 그렇듯 내 수능 점수로 갈 수 있는 가장 커트라인 높은 학과를 선택했다.

그때부터였을까, 명확한 목표가 없었기에 그리 모범적인 대학 생활을 보내지는 못했다. 순수하게도 화공과에 가면 내가 좋아하는 화학을 배우는 줄 알았지만, 4년 내내 재능 없었던 물리와 수학에 짓눌려 전공 과목을 그다지 즐기지 못한 채 졸업을 앞두게 되었다. 그렇게 4학년도 반이 지난 어느 날, 마침 화공 논문을 썼던 공정제어 연구실에서 "엔지니어링"이란 업을 처음 알게 되었다.

내가 대학에 진학하던 2007년 화공과는 가장 인기가 많은 학과 중 하나였고, 졸업 무렵 엔지니어링 업계는 중동 등지에서 잇따른 대형 프로젝트 수주로 최고의 호황을 누리고 있었다. 늘 열심히 해서 갈 수 있는 한 높은 자리에 가고 싶었고, 전공도 살리면서 관심 있었던 건축과도 거리가 멀지 않았기에 큰 고민 없이 지원했고, 그렇게 물 흐르듯 오늘날 10년째 다니고 있는 회사에 입사했다.

당시 업이 호황이었기에 앞다투어 많은 일반 건설 회사들이 플랜트 사업부를 신설하고 시장에 뛰어들었다. 대형 프로젝트를 여러 건 수행하면서 회사 분위기는 활기찼고 이리 치이고 저리 치이면서도 보람을 느꼈던 기억이 난다.

그러던 중 국내사만 해도 열 손가락이 모두 꼽히는 회사들이 경쟁하다 보니 저가 전략은 점점 치열해졌고, 원자재가 및 환율 영향에 더불어 무리하게 수주한 프로젝트들이 원가 상승으로 이어지면서 입사 2년여 만에 업계 분위기는 완전히 바뀌었다. 신입사원을 몇 백 명씩 뽑던 회사들이 플랜트 사업을 접거나 축소했고, 많은 사람들이 회사를 등졌다. 마치 수능의 문턱을 넘듯 열심히 해서 좋은 회사에 취직했다고 생각한 지 겨우 2년, 첫 단추를 잘못 꿴 게 아닐까 하는 생각과 함께 세상에 영원한 유망 분야는 없다는 생각이 들었다.

그리고 8년이란 시간이 흘렀다. 나는 여전히 회사에 다니고 있고 경기는 유가 사이클을 타고 차츰 회복되었다. 기복은 있었지만 결과적으로 내 일은 다양한 사람들과 소통하면서 프로젝트를 리딩하는 보람과, 세계 각지의 해외 사업을 통해 다양한 문화를 접하고 여행할 수 있는 즐거움을 주었고, 지금 나는 어찌 되었건 오랜 시간을 돌아 현재 내가 좋아하는 일을 하고 있다고 생각한다.

다양한 경험을 통해 뚜렷한 목표를 찾아 열심히 한다면 가장 좋겠지만, 반대로 평소에 열심히 살았다면 어느 순간 반드시 원하는 일을 찾을 것이고, 잘할 수 있을 것이라 믿는다.

나는 학창 시절 5년 후, 10년 후 내 모습을 그려 보라고 하면 욕심은 있지만 목표가 잘 그려지지 않아 답답했었다. 만약 본인도 그렇다면, 너무 스트레스받지 말고 용기 있게 무엇이든 할 수 있는 일을 시작해 보고 부딪혀 가면서 수정해 나갔으면 좋겠다. 오늘날은 더더욱 융합과 다양한 경험을 중시하는 시대이니 오히려 젊어서 다양한 백그라운드를 갖추는 것도 도움이 될 수 있다.

미디어는 유망한 산업을 권장하지만, 세상엔 연일 이슈를 부르며 선두에 나서서 혁신을 이어 나가는 회사도 있는 한편, 남들은 잘 모를지언정 수년간 축적된 노하우로 오랜 시간 이어 온 업도 있다. 본인이 즐길 수 있는 일을 찾았다면 의심하지 말고, 또 끊임없이 스스로에게 지금 하고 있는 일이 괜찮은지 질문을 던지며 여유를 가지고 꾸준히 앉아 있을 수 있는 자리를 찾길 바란다.

플랜트 엔지니어링

엔지니어링 업은 처음 듣는 사람에게는 설명이 필요하다. 엔진 만드는 회사라거나, 자동차 혹은 전자기기의 부품회사로 알고 있는 사람도 많았다. 엔지니어링은 정유플랜트, 석유화학 제품 생산시설, 일반 산업공장 등을 신설하거나 증설할 때, 사업주로부터 부지와 기본설계를 넘겨받아 상세 설계를 하고, 필요한 기자재를 구매해서 공사 인력 및 장비를 동원해 시공한 후, 최종 Product가 나올 때까지 기술 지원하여 사업주에게 넘겨주는 프로젝트를 수행하는 업이다.

기본적으로 사업의 금액 규모가 크고, 각기 다른 발주처의 요구 사항에 대응하면서도 안전하고 최적화된 설계를 하려면 방대한 기술적 지식과 경험이 필요하기 때문에 흔히들 "경험산업"이라고 칭한다. 따라서 많은 경험을 쌓은 분들을 높이 대우하고 장기간 쌓아 온 노하우를 존중하는 문화가 있지만, 한편으로는 오래된 업이고 오랜 기간 최적화된 방식으로 일을 하면서 프로세스가 굳어져 있어 혁신이 어렵다는 면도 있다.

나는 전문적인 설계 업무를 하기보다도 다양한 경험을 하고 싶어 프로젝트의 전 과정에서 공정, 전기, 토목, 조달, 공사 등 각 전문 분야 간 코디네이션을 하고 사업주 및 인허가 기관 등을 상대하며 프로젝트 일정과 지출을 전반적으로 관리하는 사업관리(Project Management) 직군에 지원했다. 막상 와 보니 성격상 빡빡한 일정 준수를 위해 다른 사람을 재촉하고, 많은 사람들을 모아 놓고 서로 반대되는 의견을 가진 사람들 사이에서 리딩하고 조율하는 일이 처음에 너무 힘들었다.

겁이 많으니 누구 한 명이라도 내 메일을 보고 질문할세라 열심히 탈고에 탈고를 거듭하고 보내기 일쑤였다. 조용한 내가 갑자기 크게 목소리를 내고 앞에 나설 수는 없는 일이었기에, 조금 더 조심스러운 만큼 양쪽 입장을 최대한 이해하고 소통하고자 했고, 업무적인 대화를 하기 이전에 먼저 다가가고 친해져서 편하게 업무 얘기를 할 수 있는 사이가 되려고 노력했다.

그렇게 천천히 하나둘씩 조심스럽게 쌓은 관계로 여러 사람을 이어 줄수 있는 역할을 할 수 있었고, 조금 시간이 걸리더라도 양쪽 의견을 균형 있게 분석하고 대안을 묻다 보면 오히려 양쪽에서 방어적이지 않게 더 적극적으로 협조해 주곤 했다. 내 방식으로도 괜찮다는 생각이 들고 나니 자신감이 따라왔고 마음의 여유가 생겼다.

사업관리에서 프로젝트의 대표를 맡는 PM(Project Manager)은 준공 일정 및 예산을 책임지면서 내부 조직관리도 해야 하고, 고객사와 좋은 관계를 유지하면서, 또 마찰이 생기거나 당사 입장을 고수해야 할 때는 관계를 상하게 하지 않으면서도 쓴소리를 해야 한다. 나는 여기서 균형 있는 멋있는 분들을 많이 만나 가르침과 격려를 받으며 추진력과 자신감도 키우고 세상에 대한 시각도 넓힐 수 있었다고 생각한다.

흔히들 말하는 것처럼 회사에서 성장하는 것도 사람 덕분에, 스트레스 받는 것도 다 사람 덕분이었다. 인간관계는 필요할 때 쌓기보다는 쌓아 두면 도움이 되고 나도 모르게 영향을 받게 되어 있다. 회사에서 누굴 만나더라도 좋은 사람이 되도록 노력하고, 또 좋은 사람들과 일할 기회가 있다면 놓치지 않기를 바란다.

회사 생활을 하면서 정말 다양한 나라의 프로젝트를 했다. 고객사의 마음을 얻기 위해 그 나라의 기본적인 언어를 익히는 것은 기본이었기에, 자연스럽게 프로젝트가 바뀔 때마다 동료들끼리도 그 나라의 언어로 인사하고, 그 나라 말로 건배를 외치기도 했다. 다양한 프로젝트를 하며 평소 접하기 힘든 나라들의 문화와 역사를 알아 가는 것은 큰 즐거움이기도 하지만, 한편 한국과 시차가 벌어지고 인프라가 갖춰져 있지 않은 해외 건설 현장에 장기간 근무하는 부담도 함께 존재한다.

나는 길지는 않았지만 UAE와 말레이시아 건설 현장에서 근무를 했고 6개월여 되는 짧은 기간 동안 6년 본사 생활보다도 집중적으로 많은 경험을 했다. 회사에서의 공부란 학교처럼 시험을 보는 게 아니기 때문에 목표 없이 외우기만 해서는 머릿속에 잘 남지 않지만, 현장에서 직접 찾아보고 체득한 지식은 두고두고 도움이 되는 큰 자산이 되기 때문에 젊고 제약이 없을 때 현업에서 조금 힘들더라도 도움이 되는 경험을 해 보길 추천한다.

흔히들 건설 분야는 거칠고 딱딱한 분위기일 것으로 생각하겠지만, 적어도 나의 경험으로는 진정한 사람 냄새를 느낄 수 있는 업이었다. 절대 혼자 일할 수 없고 긴밀하게 협업해야 하며 때로는 오지의 현장에서 생활을 함께하기도 하기에, 멀리 떨어져 있는 가족을 가장 먼저 생각하는 한편 같이 일하는 동료들과 친구, 가족같이 지내며 서로 배려하는 모습 또한 이 업의 매력이라고 생각했다.

여성 엔지니어

건설사의 TV광고나 다큐멘터리에서 현장복에 헬멧을 쓰고 중동에서 땀 흘려 일하던 분들의 모습은 과거 모두 아버지들의 이야기였다. 한편 엔지니어링 업계 통계에 따르면 여성 엔지니어는 지난 10년간 세 배 이상 증가했다고 한다. 그래도 여성 엔지니어와 일하기를 어색해하는 분들이 있고, 사우디처럼 여성 엔지니어가 파견 나온 역사가 없어 당장 현장에 여자화장실을 지어 본 적이 없는 나라도 있지만, 더 이상 여성 엔지니어가 드물지는 않게 느껴진다.

흔히들 여성의 강점을 커뮤니케이션 능력이라고 하지만, 언어적인 센스를 여성의 공통된 특징으로 묶을 수는 없을 것이다. 오히려 더 큰 잠재력은 사람과 사람을 연결해 줄 수 있는 존재라는 데 있다고 생각한다. 적극적으로 다가가는 여성 엔지니어는 눈에 띌 수밖에 없는 존재이고, 누구든 전혀 모르는 사람보다는 내가 믿는 사람의 지인이라고 하면 더 믿고 마음을 열기 쉬울 것이다. 세심한 단어 선택과 의사 전달력으로 소통에 기여해도 좋겠지만, 때로는 어색한 사이를 소개해 주고, 때로는 불편함으로 끊긴 소통의 끈을 조용히 이어 주며 자기 존재를 빛냈으면 좋겠다.

여성이기 때문에 할 수 없는 일은 없음에도 불구하고, 현장 경험 없이 높은 자리에 올라가기 힘든 업의 특성상 긴 파견 근무는 여전히 출산과 육아로부터 자유롭지 못한 여성들에게 높은 허들이다. 나는 운 좋게도 업계에서 여성 비율이 가장 높은 회사 중 하나에 다니고 있지만, 여전히 여성비율은 10%대에 그치며, 위를 올려다보면 선배들 가운데는 더더욱 많지않다. 시작은 많은 여자 동기들과 함께했지만, 모두가 회사 생활을 지속하지는 않았다.

결혼이나 육아는 언젠가 나에게도 숙제가 될 물음들이기에, 이럴 때면 이미 난관을 극복하고 성공적으로 이겨 내고 있는 선배들의 조언이 절실하다. 자신만의 세분화된 전문 분야를 갖거나, 젊었을 적 쌓았던 현장 경험을 바탕으로 기술마케팅이나 계약관리 분야에서 활동하고 있는 분들, 혹은 정면 돌파로 현업에서 왕성한 활동을 하고 계신 분 등등, 우리 세대엔 저마다의 해답을 찾아 활동하고 있는 멘토분들이 있다. 앞으로 이분들이 많은 후배들에게 영감을 줄 것이고 나도 나만의 솔루션을 찾아 동참하고 싶다.

지속 가능한 커리어

세상은 변하지 않는 것만 같지만 그럼에도 많이 바뀌었다. 특히 예상치 못했던 COVID-19로 많은 사람들이 희생되고 상처를 입었지만, 낯설었던 화상회의는 당연한 일상이 되었고, 52시간 근무제와 함께 시작된 탄력근무제/자율근무제는 제 이름대로 정말 자율이 되었다. 업계에 따라 격차가 있었던 기존의 제도적·기술적 혁신과는 달리, COVID-19로 인해 확산된 언택트는 업을 막론하고 모두가 겪는 변화가 되었다. 현장과 대면 업무가 유일한 방법일 것 같았던 엔지니어링업에서도 최근 화상회의와 스마트 글래스를 활용한 원격 업무가 많이 일반화되었다.

갑작스러운 재택근무는 아이를 키우는 여성 근로자에게 육아와 업무의 부담을 이중으로 지웠을 것이다. 하지만 한편으로는 COVID-19는 가정의 어머니들과 아버지들 모두를 집으로 보냈다. 육아와 회사 생활 사이에서 어느 하나를 선택해야 했던 때와 달리 포스트 코로나 시대에는 공동 육아와 재택 근무가 자연스러워지면서 어느 하나를 끊어 내지 않고도 나아갈 수 있는 길이 열리지 않을까.

한편 최근 부상한 트렌드인 ESG(환경, 사회, 지배구조) 경영에서는 사회적 다양성을 위해 여성 고용과 이사 선임을 적극적으로 장려하고 있다. 단순히 여성을 많이 고용해서 기업에 이익이 나지는 않겠지만, 소수 집단에게도 균등한 기회를 부여하고 지속적으로 근무해 높은 자리까지 오를 수 있는 근무 환경을 만듦으로써 기존의 다수 집단이 창출하기 어려운 새로운 접근법과 아이디어를 독려한다는 인식을 확산시키는 일이라고 생각했다. 단순히 신입 고용만이 아닌 이사 선임을 장려한다는 데서 지속 가능성과 선후배 간 동기 부여를 장려하기에 이런 트렌드가 부상하는 것이 고무적이라고 생각했다.

몇 년 전 어느 날 인도, 파키스탄 남자 근로자 수백 명이 있는 동남아의 현장 안전교육장에서 혼자 여자 엔지니어로 시선을 받으면서 이 일을 계속할 수 있을까 생각해 본 적이 있었다. 한편 멕시코에서 근무하고 있는 최근 어느 날은 회의실 안에 있는 에너지부 장관을 비롯해 사업주 설계 본부장, 설계 매니저 등 고객사 모두가 여성이었던 적이 있었는데, 사업주임에도 불구하고 왠지 위로와 동기 부여가 되었다.

여성 엔지니어로 살아간다는 것이 더 이상 똑똑한 알파걸이 되어 눈에 띄어야만 살아남는 이야기가 아니라, 변화의 과도기에 있는 우리가 서로에게 동기 부여가 되고 저마다의 해법을 찾아가며 외로움을 이겨 내는 과정이 되었으면 좋겠다. 각자가 자기만의 해법을 찾아 꾸준히 자기 일을 할 수 있게 된다면 우리 사회는 조금 더 진정한 다양성을 띠게 될 것이다. 인식 변화와 제도적 개선으로 세상은 조금씩 기회를 열어 주고 있으니 모든 여성 엔지니어분들이 자신감을 갖고 능력을 펼치기를 응원한다.